UNTERRICHT DIGITAL

Nele Hirsch

METHODEN, DIDAKTIK UND PRAXISBEISPIELE FÜR DAS LERNEN MIT ONLINE-TOOLS

Verlag an der Ruhr

Impressum

Titel
Unterricht digital
Methoden, Didaktik und Praxisbeispiele für das Lernen mit Online-Tools

Autorin
Nele Hirsch

Umschlagmotive
Maedchen mit Tablet © patat, Pixel-Muster © ALMAGAMI,
Tablet (Umschlagrückseite) © aiconsmith – alle Shutterstock.com;
Smiley © Verlag an der Ruhr

Screenshots
Nele Hirsch

Druck
AZ Druck und Datentechnik GmbH, Kempten, DE

Verlag an der Ruhr
Mülheim an der Ruhr
www.verlagruhr.de

Geeignet für die Klassen 1–13

Sämtliche Screenshots stammen aus dem Jahr 2019.

Soweit in diesem Produkt Personen fotografisch abgebildet sind und ihnen von der Redaktion fiktive Namen, Berufe, Dialoge u. Ä. zugeordnet oder diese Personen in bestimmte Kontexte gesetzt werden, dienen diese Zuordnungen und Darstellungen ausschließlich der Veranschaulichung und dem besseren Verständnis des Inhalts.

Trotz sorgfältiger inhaltlicher Kontrolle kann keine Haftung für die Inhalte externer Seiten, auf die mittels eines Links verwiesen wird, übernommen werden. Für den Inhalt der verlinkten Seiten sind ausschließlich deren Betreiber*innen verantwortlich.

Verlag an der Ruhr 2020, Nachdruck 2020
ISBN 978-3-8346-4296-7

Inhaltsverzeichnis

Was will dieses Buch?

Bereits 2015 machte Thorsten Dirks, der damalige CEO von Telefónica Deutschland, seinem Unmut über verfehlte Digitalisierungsprojekte mit deutlichen Worten Luft: „Wenn sie einen Scheißprozess digitalisieren, dann haben sie einen scheiß digitalen Prozess." Für Schule und Unterricht gilt das ebenso: Schlechter Unterricht bleibt schlechter Unterricht, auch wenn er mit Tablets und Smartphones aufgemotzt wird. Auf der anderen Seite kann Digitalisierung aber auch als Katalysator wirken, um gutes Lernen zu unterstützen, z. B. indem Lernende vielfältige und personalisierte Lernangebote erhalten, selbstgesteuert und kollaborativ lernen oder Kompetenzen anhand von authentischen Problemen entwickeln können.

In diesem Buch erhalten Sie das notwendige Handwerkszeug, um „Unterricht digital" in diesem Sinne zu realisieren. Sie können sich über Rahmenbedingungen und Voraussetzungen von Unterricht mit digitaler Unterstützung informieren, Methoden und Online-Tools für den Einstieg kennenlernen und aus einer Sammlung von Unterrichtsideen auswählen.

Wenn Sie sich selbst als „Newbie" im Bereich der digital-unterstützten Bildung einordnen, dann lesen Sie das Buch am besten in der präsentierten Reihenfolge. Sollten Sie schon Vorerfahrungen mitbringen, können Sie gezielt zu dem Bereich blättern, der Sie besonders interessiert. Bitte beachten Sie in diesem Fall, dass das Kapitel mit den Unterrichtsideen maßgeblich auf die Methoden und Tools zurückgreift, die im Kapitel davor vorgestellt werden. Wenn Sie direkt zu den Unterrichtsideen springen, werden Sie also wahrscheinlich immer mal wieder zurückblättern müssen.

Bei der Auswahl der vorgestellten Technik war es für mich entscheidend, dass sie offen nutzbar ist und Souveränität in Hinblick auf Inhalte und die eigenen Daten bietet. Es muss nichts installiert werden. Die Tools werden einfach im Browser aufgerufen. Den Spagat zwischen „möglichst schlüsselfertig" versus „in möglichst vielen unterschiedlichen Kontexten nutzbar" habe ich dahin gehend aufgelöst, dass ich Ideen vorstelle, die einfach weiterzuentwickeln bzw. anpassbar sind. Auf diese Weise ist das Buch in allen Fächern und Klassenstufen nutzbar. Der Fokus liegt auf den sprachlichen, künstlerischen und gesellschaftswissenschaftlichen Bereichen.

Ich wünsche viel Freude beim Ausprobieren und Erkunden!

Nele Hirsch

WAS IST UNTERRICHT DIGITAL?

KAPITEL 1

Ein Blick in die Praxis – Hospitation bei Frau Matuschek

„Herzlich willkommen", begrüßt mich Frau Matuschek zu meinem heutigen Hospitationsbesuch an einer Berliner Grundschule. Frau Matuschek unterrichtet hier Deutsch in der 5b. Sie hat mich eingeladen, sie während ihrer Doppelstunde am Mittwochmorgen zu begleiten. Digitale Tools sind das Steckenpferd von Frau Matuschek. Ich selbst habe noch so gut wie gar keine Erfahrungen damit im Unterricht. Umso neugieriger bin ich nun auf den vor mir liegenden Einblick in die Praxis.

Bevor es zum Klassenzimmer geht, holt Frau Matuschek den Tablet-Wagen aus dem Technikraum. Sie hat im Vorfeld in die dort ausgehängte Liste eingetragen, dass sie in dieser Stunde Tablets benötigt. Die Tablets im Technikraum sind aufgeladen und direkt einsatzbereit. Frau Matuschek sagt: „Am Anfang hat das noch nicht so gut funktioniert. Aber inzwischen haben fast alle schon einmal gemerkt, wie nervig es ist, wenn die Tablets nicht ordentlich übergeben werden. Deshalb haben wir im Kollegium jetzt klare Regeln zur Nutzung vereinbart. Dazu gehört vor allem, dass sie nach der Nutzung für den nächsten Einsatz vorbereitet werden." Ich will gerade nachhaken, was denn sonst die Konsequenzen sind, da kommen uns schon zwei Mädchen entgegengerannt. „Hallo, Frau Matuschek. Das ist ja cool. Wir lernen heute wieder mit den Tablets". Auch die restliche 5b ist eine aufgeweckte Klasse, die vor Stundenbeginn durch die Gänge tobt. Insgesamt lernen in der Klasse 24 Kinder.

Frau Matuschek erzählt mir noch kurz, dass die Klasse in den letzten Wochen das Buch „Momo" von Michael Ende gelesen hat. In der heutigen Doppelstunde werden sich die Schülerinnen und Schüler aktiv und kreativ mit dem Gelesenen auseinandersetzen. Gespannt folge ich ihr in den Klassenraum.

„Guten Morgen. Wir arbeiten heute in vier Gruppen und brauchen deshalb vier Tischinseln", gibt Frau Matuschek als erste Information an die Klasse. Während die Schülerinnen und Schüler Tische rücken und sich ihre Plätze suchen, wirft sie vorn den Beamer an. Die Schülerinnen und Schüler nehmen sich je ein Tablet und schalten es an. Die Stunde beginnt.

„Ich habe ein paar Fragen dazu vorbereitet, wie euch ‚Momo' gefallen hat", beginnt Frau Matuschek. An der Wand vorn erscheint eine Website, auf der groß zu lesen ist: „Ich fand das Buch ‚Momo' ..." Und dann die Auswahlvarianten: „sehr cool", „ganz okay", „nicht wirklich meins". Dazu werden eine URL, also die Adresse einer Website, eingeblendet und ein Code.

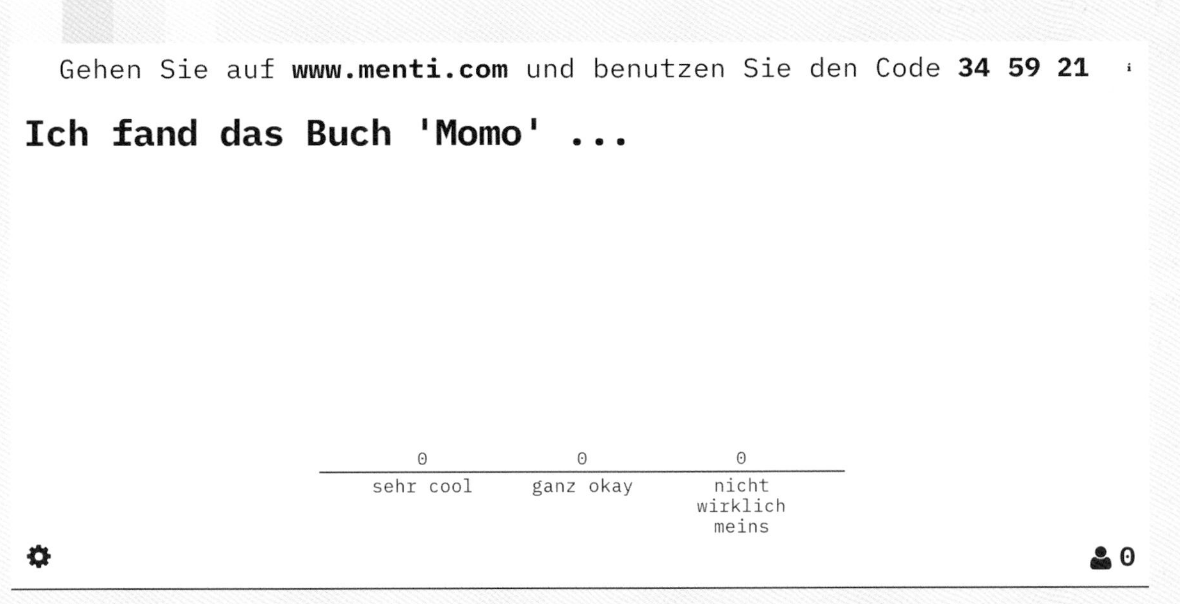

Abfrage zum Stundenbeginn *(Screenshot des Tools Mentimeter © Mentimeter AB)*

Die Schülerinnen und Schüler kennen sich mit dieser Art Reflexionsfragen offensichtlich aus und zücken die Tablets. Gleich darauf verändert sich die Anzeige: drei Balken zeigen an, wie viele aus der Klasse welche Option gewählt haben. Mit 64 Prozent ist „sehr cool" eindeutig Spitzenreiter. Aber 18 Prozent meinen auch: „nicht wirklich meins". Frau Matuschek fragt nach Gründen. Einige Schülerinnen und Schüler melden sich und teilen ihre Einschätzungen. Dann geht es weiter zur nächsten Frage: „Wie gut hast du das Buch verstanden?" Wieder gibt es mehrere Optionen zur Auswahl. Wieder stimmen die Schülerinnen und Schüler zunächst digital ab, können dann via Beamer mitverfolgen, wie die Klasse insgesamt abgestimmt hat – und dann gemeinsam darüber sprechen. Die nächste Frage ist keine Auswahlfrage, sondern offen gestellt. Drei Schlagworte zum Buch sollen geteilt werden. Der Beamer zeigt eine sich entwickelnde Wortwolke: „Spannend" steht darin, und auch: „lustig", „ganz schön lang", „schwer zu verstehen" sowie „Zeit stehlen ist doof".

Als Nächstes folgen die Gruppenarbeiten. Auch zur Gruppenbildung nutzt Frau Matuschek ein Online-Tool, in dem alle Vornamen der Kinder aus der Klasse eingetragen sind. Auf Klick werden die Namen per Zufallsgenerator den gewünschten vier Gruppen zugeordnet. Die Schülerinnen und Schüler verfolgen die Einteilung gespannt: Man hört Jubel und manchmal auch Ärger. Dann suchen sich alle ihren Platz am zugewiesenen Gruppentisch. Jede Gruppe darf nun eine „Glücksfee" bestimmen, die nach vorn kommt und ein „Los" zieht. Das Los beinhaltet einen QR-Code. Diesen bringen die Kinder zurück in ihre Gruppen.

Frau Matuschek gibt auch mir einen Zettel, auf dem alle vier QR-Codes der Gruppen aufgedruckt sind, sodass ich mir einen Eindruck verschaffen kann. Ich hole mein Smartphone aus der Tasche und scanne den ersten Code. Insgeheim bin ich ganz froh, dass ich mich damit auskenne: einfach die Kamera öffnen und über den Code halten. Schon wird mir der Inhalt, in diesem Fall eine Adresse einer Website, angezeigt. Auch für die Schülerinnen und Schüler scheinen QR-Codes nichts Neues zu sein. Sie schalten die Tablets ein, scannen nacheinander den erhaltenen Code und beginnen konzentriert mit dem Lesen der Aufgabe.

Frau Matuschek öffnet in der Zwischenzeit vorn eine andere Website. Der Beamer wirft zunächst nur eine Blumenwiese als Hintergrundbild an die Wand. Dann wählt sie unterschiedliche Symbole aus einer Werkzeugleiste unten auf der Website aus und bestückt damit den Bildschirm. „Gruppenarbeit" lese ich als Erstes – und dazu ein passendes Symbol. Danach stellt sie einen Timer auf 40 Minuten ein – die vereinbarte Zeit für die Gruppenarbeiten. Schließlich folgt noch ein Lärmpegelmesser. Bislang ist hier noch alles im grünen Bereich. Kein Wunder: Da alle Gruppen noch lesen, ist es im Klassenraum ganz still.

Frau Matuschek fängt meinen fragenden Blick auf und erklärt mir: „Das ist der Classroomscreen. Mit diesem haben alle Schülerinnen und Schüler im Blick, was gerade ansteht und wie viel Zeit sie z.B. noch für eine Aufgabe zur Verfügung haben." Ich finde diesen Classroomscreen ziemlich genial und notiere mir, dass ich später unbedingt recherchieren will, was sich genau dahinter verbirgt und wie es funktioniert.

Arbeitsform, Lärmpegelmesser und Timer *(Screenshot des Tools Classroomscreen © Laurens Koppers)*

Jetzt will ich mir aber zuerst die Gruppenarbeiten ansehen und vor allem beobachten, wie die Schülerinnen und Schüler sie bearbeiten. Also öffne ich den Link des ersten QR-Codes und lese die Aufgabe: „Schreibt einen fiktiven Chat zwischen Momo und Beppo Straßenkehrer."

Als Erläuterung steht dabei: „Als Momo verschwunden ist, macht Beppo Straßenkehrer sich große Sorgen um sie. Die Grauen Herren behaupten, sie sei in seiner Gewalt und er müsse ganz viel Zeit erarbeiten, um sie zu retten. Seitdem gönnt sich Beppo Straßenkehrer keine Pause mehr. Er kehrt und kehrt und kehrt ... Stellt euch nun vor, dass Beppo Straßenkehrer ein Smartphone hat, eines Abends darauf blickt und eine Nachricht von Momo sieht: ‚Beppo, wo bist du denn?' Überlegt euch, wie der Chat weitergehen könnte."

Dazu gibt es zwei Links: einen zur Erstellung des Textchats auf einer Website namens „Glitch" und einen weiteren Link zu einem „Hackpad", um das Ergebnis zu teilen. Mir sagen beide Website-Namen gar nichts. Die Aufgabe klingt für mich aber interessant. Die Gruppe hat inzwischen schon mit der Bearbeitung begonnen. Sie erzählen sich zunächst gegenseitig nochmals, was im Buch an der Stelle genau passiert.

Die Aufgaben der anderen drei Gruppen überfliege ich nur kurz:

- Die zweite Gruppe soll „Memes" (siehe auch S. 62) erstellen, die auf den Punkt bringen, was im Buch nacheinander passiert.
- Die dritte Gruppe soll sich in Form einer interaktiven Geschichte überlegen, wie das Buch hätte weitergehen können, wenn Momo am Abend als Kassiopeia sie abholen kam, nicht mit ihr mitgegangen wäre.
- Die vierte Gruppe soll Menschen, die Momo nicht kennen, das Buch in einer kleinen Präsentation vorstellen.

Auch zu jeder dieser Aufgaben gibt es einen Link zu einem Tool zum Erstellen und einen weiteren zum „Hackpad" zum Teilen der Ergebnisse. Auf dieses Hackpad, auf das offensichtlich alle Gruppen gemeinsam zugreifen, bin ich besonders neugierig und öffne deshalb den angegebenen Link. Das klappt auch auf meinem Smartphone. Es öffnet sich eine Website mit einem kleinen Text-Editor. Die Überschriften der vier Gruppenarbeiten sind bereits eingetragen und die Aufforderung, hierüber bitte den Link zu den Ergebnissen zu teilen oder die Ergebnisse direkt einzutragen bzw. hochzuladen.

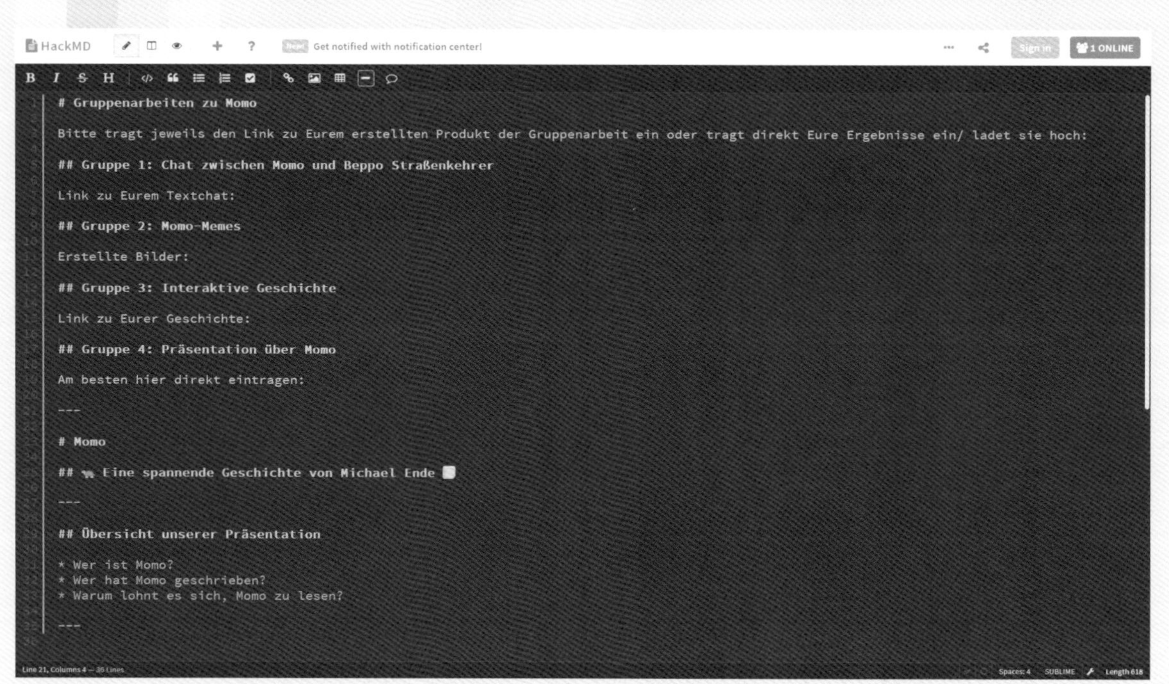

Aufgaben für die einzelnen Gruppen und Teilen der Ergebnisse
(Screenshot der Anwendung Hackpad © HackMD)

Mich erschlägt die Vielfalt der Aufgaben gerade etwas. Ich kann mir nur schwer vorstellen, dass die Schülerinnen und Schüler in gerade mal 40 Minuten tatsächlich ein präsentierbares Ergebnis erarbeiten werden. Deshalb beschließe ich, mir jetzt nicht näher die Tools auf meinem Smartphone anzusehen, sondern lieber die Schülerinnen und Schüler bei der Bearbeitung zu beobachten.

Als Erstes fällt mir auf, dass die Tablets bei der Bearbeitung gar nicht im Fokus stehen. Die Gruppenarbeiten sind geprägt von Austausch und Diskussionen der Schülerinnen und Schüler. Darüber hinaus finde ich interessant, dass auch Papier und Stifte zum Einsatz kommen. Die Schülerinnen und Schüler arbeiten digital und analog vermischt. In der dritten Gruppe, in der die interaktive Geschichte geschrieben werden soll, werden beispielsweise mögliche Handlungsstränge auf Karteikarten visualisiert und auf dem Boden ausgelegt.

Und schließlich erstaunt mich die Konzentration und Eigenständigkeit der Schülerinnen und Schüler. Ich hätte z. B. deutlich mehr technische Verständnisfragen erwartet. Frau Matuschek erklärt mir, dass alle Internet-Tools den Schülerinnen und Schülern bekannt sind, aber dass auch die Einführung beim ersten Mal nicht zu viel Zeit in Anspruch genommen hat. „Wenn wir ein neues Tool nutzen, dann bearbeiten wir beim ersten Mal alle gemeinsam eine Aufgabe damit. In diesem Rahmen können dann auch alle Fragen gestellt werden. Meistens helfen sich die Schülerinnen und Schüler aber ohnehin gut untereinander."

Dieses „Sich-untereinander-Helfen“ kann ich auch heute gut beobachten. Immer mal wieder sehe ich, wie ein Kind einem anderen kurz etwas auf dem Tablet zeigt und dann offensichtlich Hilfe bekommt. Und in den Gruppen arbeiten alle gleichermaßen mit. Schließlich kündigt Frau Matuschek die letzten fünf Minuten an. Noch einmal wird mit viel Konzentration gearbeitet. Dann geht es an die Präsentationen.

Frau Matuschek ruft vorn mit dem Beamer das geteilte Hackpad mit den Gruppenergebnissen auf, das inzwischen gut gefüllt ist. Bei den Präsentationen soll von hinten begonnen werden. Sie ruft also zunächst die vierte Gruppe nach vorn: „Wir beginnen mit der Präsentation zu ‚Momo‘. Ich bin gespannt, was ihr zusammengestellt habt.“ Die Gruppe hat direkt ins Hackpad geschrieben. Zunächst sieht man deshalb nur einfachen Text. Die Ansicht lässt sich aber wechseln – und schon wird die erste Folie eingeblendet. „Momo. Eine spannende Geschichte von Michael Ende“, lese ich.

Präsentation zu Momo/Titelfolie *(Screenshot der Anwendung Hackpad © HackMD)*

Die Schülerinnen und Schüler klicken weiter und zeigen auf der nächsten Folie die Inhalte ihrer Präsentation: „Wer ist Momo? Wer hat ‚Momo‘ geschrieben? Warum lohnt es sich, ‚Momo‘ zu lesen?“

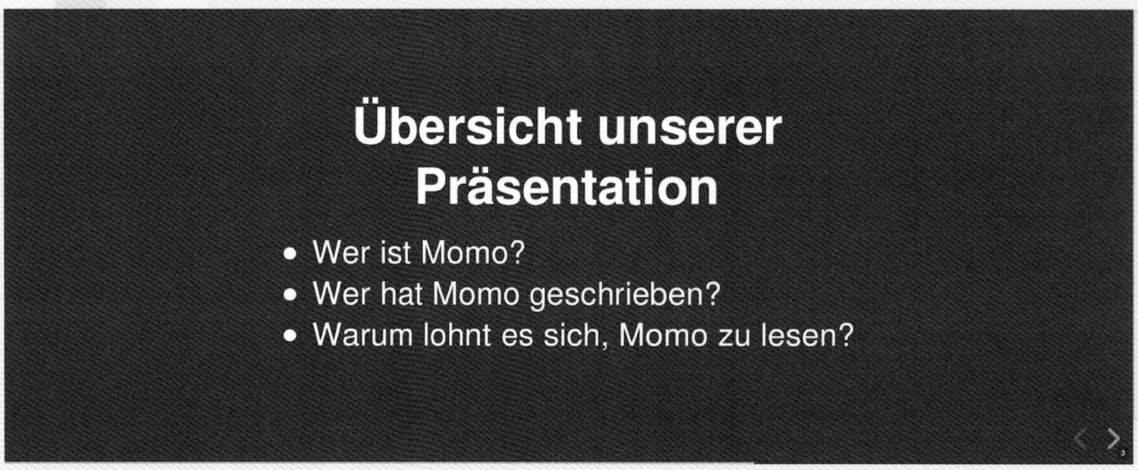

Übersicht unserer Präsentation

- Wer ist Momo?
- Wer hat Momo geschrieben?
- Warum lohnt es sich, Momo zu lesen?

Präsentation zu Momo/Übersicht *(Screenshot der Anwendung Hackpad © HackMD)*

Die Präsentation ist einfach gestaltet: weiße Schrift auf schwarzem Hintergrund. Immer wieder haben die Schülerinnen und Schüler kleine Bildchen zur Auflockerung eingefügt. Sie tragen ihre Überlegungen souverän vor und wechseln sich dabei ab. Die übrige Klasse belohnt mit lautem Applaus.

Frau Matuschek fragt nach, wie sie bei der Gestaltung vorgegangen sind. Die Schülerinnen und Schüler berichten, dass sie das meiste ja wussten, weil sie das Buch gelesen haben. Über Michael Ende haben sie im Internet recherchiert – und sind dort gleich auf einen Wikipedia-Artikel gestoßen. Aus der restlichen Klasse werden noch einige Gründe ergänzt, warum es sich lohnt, „Momo" zu lesen. Ein Schüler möchte auch einen Grund aufschreiben, warum er vom Lesen abraten würde. Frau Matuschek schlägt vor, alle Ergänzungen direkt im Hackpad einzutragen.

Danach ist die nächste Gruppe an der Reihe. Vorgestellt wird die interaktive Geschichte. Ein Mädchen aus der Gruppe kommt nach vorn und sagt: „Eine interaktive Geschichte ist ja ein bisschen wie ein Online-Spiel. Ich schlage vor, ihr klickt euch da selbst durch. Und nachher können wir besprechen, welche Varianten euch am besten gefallen haben. Den Link zu der interaktiven Geschichte findet ihr im Hackpad."

Ich möchte mir das auch gern ansehen und öffne das Hackpad. Unter dem Link der Gruppe erreiche ich eine Website in ähnlicher Aufmachung wie das Hackpad, auf der ein kurzer Geschichten-Einstieg steht: „Momo sitzt allein im Amphitheater. Plötzlich spürt sie etwas an ihrem Fuß. Es ist Kassiopeia. ‚Folge mir' liest sie auf ihrem Panzer."

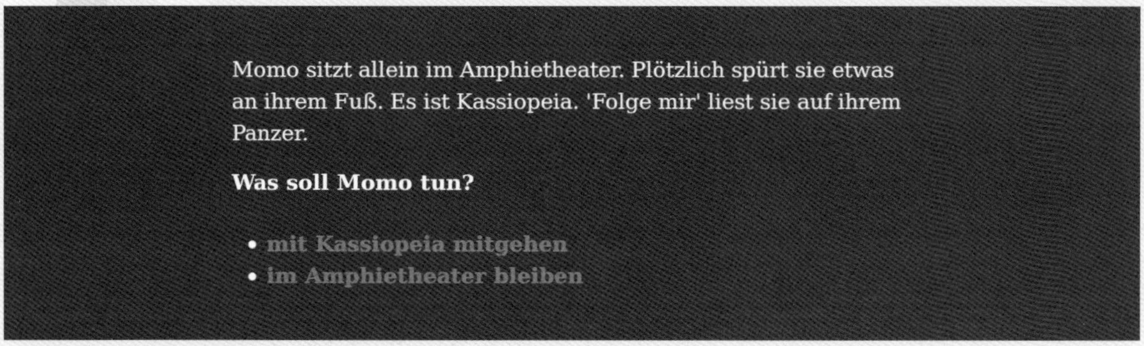

Momo sitzt allein im Amphietheater. Plötzlich spürt sie etwas an ihrem Fuß. Es ist Kassiopeia. 'Folge mir' liest sie auf ihrem Panzer.

Was soll Momo tun?

- mit Kassiopeia mitgehen
- im Amphietheater bleiben

Auswahl verschiedener Optionen in der Geschichte
(Screenshot der Anwendung Hackpad © HackMD)

Danach folgt die Frage, was Momo tun solle – und zwei Auswahlvarianten: mitgehen oder im Amphitheater bleiben. Ich entscheide mich zunächst für die mir bekannte Version und klicke „mitgehen" an. Die nächste Seite öffnet sich und die Geschichte geht folgendermaßen weiter: „Momo läuft hinter Kassiopeia her durch die dunkle Stadt. Plötzlich sieht sie auf dem Schildkrötenpanzer: ‚Leise'." Auch hier gibt es zwei Varianten zur Auswahl: „Still sein" oder „Nochmals nachfragen".

Ich habe das Prinzip der interaktiven Geschichte verstanden und finde es ziemlich spannend. Mir gefällt besonders gut daran, dass die Schülerinnen und Schüler mit dieser Aufgabe sowohl über den Roman, wie er veröffentlicht ist, reflektieren als auch kreativ daran weiterschreiben und sich alternative Verläufe überlegen. Der Klasse scheint die interaktive Geschichte auch Spaß zu machen. Man sieht eifriges Lesen, Klicken und manchmal Nachdenken oder auch Lachen. Schließlich sind alle bei einem möglichen Ende angekommen und geben der Gruppe Feedback. Einige teilen gleich auch weitere Ideen, was man hätte zur Auswahl stellen können.

Danach ist Gruppe 2 an der Reihe. Hier ging es um die Erstellung von Memes. Diese Vorstellung interessiert mich sehr, da ich gar nicht richtig weiß, was Memes eigentlich sind. Ich erfahre: Memes sind mit Text-Unterschriften versehene Bilder. Es gibt einige Memes, die im Internet wieder und wieder verwendet und mit anderen Texten unterlegt werden. Oft werden Bilder von bestimmten Ereignissen oder Persönlichkeiten verwendet und mit viel Kreativität verfremdet. Zur Erstellung der „Momo-Memes" hat sich die Gruppe im Schnelldurchlauf nochmals durch den gesamten Roman geblättert. Los geht es mit dem Meme: „Fantasie statt Langeweile. Dank Momo .-)"

PHANTASIE STATT LANGEWEILE

DANK MOMO :-)

Screenshot eines Memes zu Momo
(Meme: ©Alex@worthyofelegance; Website zur Erstellung: https://meinmeme.de, Bild bereitgestellt unter: https://unsplash.com/photos/ZR48YvUpk04)

Das Bild zeigt ein Boot. Offensichtlich eine Anspielung auf das Bootsabenteuer der Kinder vor dem großen Gewitter. In der Reflexion der Memes fragt Frau Matuschek nicht nur inhaltlich nach, sondern auch, auf welchen Seiten die Schülerinnen und Schüler nach Bildern gesucht hätten. Ein Schüler antwortet fast schon gelangweilt: „Frau Matuschek, das haben wir jetzt doch schon so oft gesprochen. Natürlich haben wir nur Bilder mit offenen Lizenzen gewählt. Sonst dürften wir sie ja gar nicht weiterbearbeiten und veröffentlichen. Zu fast allem gab es bei Unsplash ein Angebot."

Ich zucke innerlich etwas zusammen: Noch ein Wissensvorsprung, den diese Kinder vor mir haben. Denn was eine offene Lizenz ist, weiß ich nicht und Unsplash kenne ich auch nicht. Ich schreibe es auf meine Liste mit den Dingen, die ich unbedingt recherchieren will.

Die Zeit drängt nun etwas. Frau Matuschek ruft die noch verbleibende Gruppe auf: Ein Mädchen und ein Junge kommen nach vorn, Frau Matuschek öffnet den von der Gruppe erstellten Textchat zwischen Beppo Straßenkehrer und Momo. Beide tragen ihn in verteilten Rollen vor. Auch dieses Ergebnis finde ich sehr gelungen. Von der Klasse gibt es Applaus.

In fünf Minuten klingelt es zur großen Pause. Als letzte Aufgabe und in Stillarbeit sollen die Schülerinnen und Schüler noch einen Aspekt im Pad teilen, den sie heute gelernt haben. Die Schülerinnen und Schüler schreiben das unter die Überschrift „TIL". Die Abkürzung ist Internetslang und steht für „Today I Learned" – wie ich auf Nachfrage erfahre. Als erste Einträge lese ich:

- „Ich habe ‚Momo' jetzt viel besser verstanden."
- „Ich kann jetzt anderen erklären, um was es in ‚Momo' geht."
- „Ich weiß jetzt mehr darüber, wer Michael Ende war."

Frau Matuschek lädt alle dazu ein, sich das Hackpad bis zur nächsten Stunde nochmals durchzusehen. Dann klingelt es auch schon. Frau Matuschek öffnet einen weiteren Classroomscreen. Jeder und jede kann hier aus vier Smileys wählen und auf diese Weise die Stunde bewerten. Die Schülerinnen und Schüler erledigen das nacheinander beim Rausgehen. Als alle draußen sind, lässt sich Frau Matuschek die Ergebnisse anzeigen – und freut sich sehr darüber: Fast alle haben mit „Smiley" oder „ein bisschen Smiley" reagiert. Die Stunde kam offensichtlich gut an.

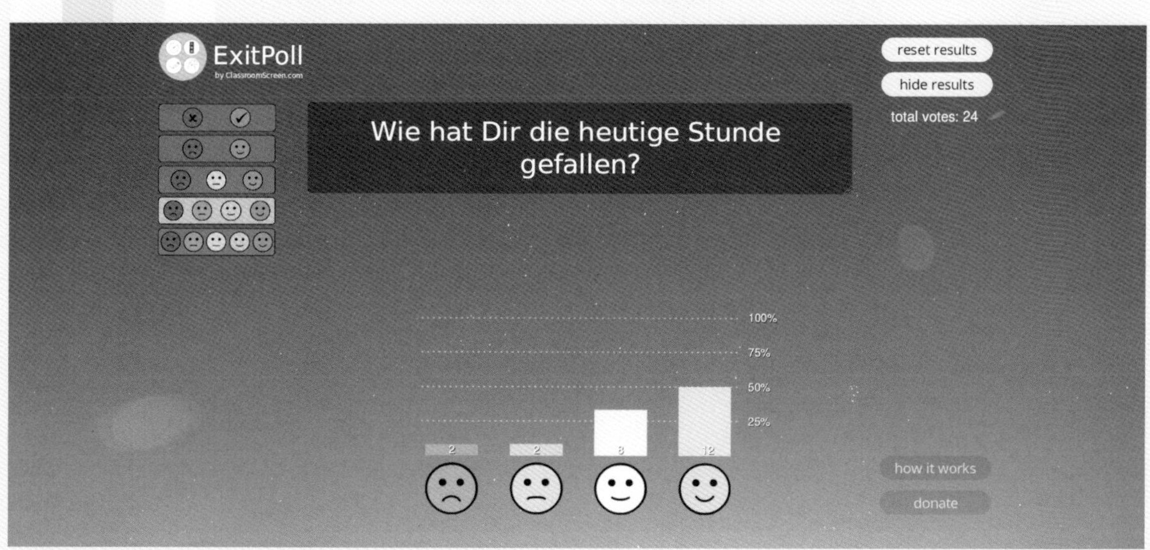

Exitpoll mit Bewertungen der Schülerinnen und Schüler
(Screenshot vom Tool Classroomscreen © Laurens Koppers)

Ich gratuliere ihr und bedanke mich sehr für die Hospitation. Die Schule verlasse ich dann allerdings mit einem gemischten Gefühl: Auf der einen Seite bin ich begeistert, was sich mit digitalen Tools alles umsetzen lässt. Auf der anderen Seite melden sich auch erste Zweifel: „Wie soll ich es nur jemals schaffen, so etwas selbst umzusetzen? Dazu fehlt mir so viel Wissen und Erfahrung." Und ich überlege auch: „Muss das denn wirklich sein?"

Thesen zum digital-unterstützten Unterricht

Vielleicht geht es Ihnen jetzt ähnlich wie unserer Ich-Erzählerin nach der fiktiven Hospitation bei Frau Matuschek. Dann zunächst einmal eine Entwarnung: Digital-unterstützter Unterricht geht auch mit weniger Aufwand. Das Ziel des fiktiven Unterrichtsbesuchs war es, möglichst zahlreiche Anwendungen in komprimierter Form vorzustellen, um auf diese Weise einen ersten Eindruck davon zu vermitteln, was „Unterricht digital" alles leisten kann. Bei einer Übertragung auf eine eigene Stunde könnten sicherlich auch deutlich weniger Tools zum Einsatz kommen. Nicht jede Gruppenarbeit müsste beispielsweise ein anderes Tool zur Bearbeitung verwenden.

Offen bleibt dann aber weiterhin die abschließende Frage der Ich-Erzählerin: „Muss das denn wirklich sein?" Bevor wir uns in den folgenden Kapiteln intensiver damit auseinandersetzen, wie genau Unterricht digital funktioniert und was es dabei zu beachten gilt, beantworte ich diese Frage in Form von fünf Thesen.

These 1: „Unterricht digital" bietet Zugang zu praktisch unbegrenzten Informationen

Bei „Unterricht digital" müssen weder die lehrende Person noch die Schülerinnen und Schüler auf Faktenfragen direkt eine Antwort parat haben. Stattdessen ist das Internet als praktisch grenzenloser Wissensfundus immer einsetzbar. Im Sinne einer zeitgemäßen Bildung geht es weniger darum, Antworten zu geben, als vielmehr die richtigen Fragen zu stellen, Antworten zu entwickeln und gefundene Lösungen bewerten und nutzen zu können.

These 2: Digital-unterstützter Unterricht bietet hilfreiche Tools zum Lehren und Lernen

Neben inhaltlicher Bereicherung stellt das Internet auch eine Vielzahl von Tools zur Verfügung, die effektive Lernprozesse unterstützen können: kollaboratives Schreiben, Bewertungen von Antworten, Abfragen von Vorwissen und Interessen und vieles mehr: Das Internet ist nicht nur Nachschlagewerk, sondern zugleich und vor allem Toolbox zum Lehren und Lernen.

These 3: Netzprinzipien sind Rückenwind für zeitgemäße Bildung

Die benötigten Schlüsselkompetenzen für das 21. Jahrhundert lassen sich gut mit dem sogenannten 4K-Modell auf den Punkt bringen. 4K steht hier für kritisches Denken, Kreativität, Kollaboration und Kooperation. Anders und einfacher ausgedrückt: Schülerinnen und Schüler müssen lernen, wie sie selbst denken, neu denken, mit anderen gemeinsam denken und Gedachtes mitteilen können (Quelle: www.joeran.de/die-4k-skills-was-meint-kreativitaet-kritisches-denken-kollaboration-kommunikation).

Während die 4K an Schulen oft noch eher Neuland sind, gehören sie zur Internetkultur schon lange dazu. Diese ist geprägt vom Ausprobieren, vom gemeinsamen Machen, von Feedbackgeben und dem Teilen von Erfahrungen. Diese Realitäten des virtuellen Raums können für zeitgemäße Bildung eine Art Katalysator-Wirkung entfalten und Bildung besser machen.

These 4: Digital-unterstützter Unterricht geht von der Lebensrealität von Kindern und Jugendlichen aus

Das Internet ist heutzutage nicht nur Teil unserer eigenen Lebensrealität. Auch Kinder und Jugendliche wachsen selbstverständlich damit auf. Anders als viele Menschen der älteren Generation unterscheiden sie nicht mehr zwischen online und offline. Vielmehr verschränken sich virtuelle und reale Erlebnisse zu einer Lebenswelt.

Schule hat in dieser Situation grundsätzlich zwei Möglichkeiten: Entweder sperrt sie die Lebensrealität der Schülerinnen und Schüler aus oder sie greift sie aktiv auf und gestaltet, darauf aufbauend, Lernprozesse. In diesem Buch plädiere ich ganz klar für den zweiten Weg. Er kann zum einen die Lernmotivation steigern. Zum anderen – und vor allem – werden Schülerinnen und Schüler auf diese Weise mit den Herausforderungen des analog-virtuell verknüpften Raums nicht allein gelassen, sondern auf ihrem individuellen Weg bestmöglich unterstützt.

These 5: Digital-unterstützter Unterricht fördert digitale Mündigkeit und Souveränität

In guter aufklärerischer Tradition soll Bildung die Entwicklung von Lernenden zu mündigen Bürgerinnen und Bürgern befördern. Das bedeutet: Schülerinnen und Schüler sollten lernen, sich gestaltend, aktiv und im Austausch mit anderen in die Gesellschaft einzubringen. Das ist nicht nur die unerlässliche Voraussetzung für eine funktionierende Demokratie, sondern auch für die individuelle Entfaltung jedes einzelnen Menschen.

Unsere heutige Gesellschaft ist eine zunehmend digital geprägte Gesellschaft. Mündigkeit muss vor diesem Hintergrund immer auch eine digitale Mündigkeit sein. Je mehr Kinder und Jugendliche in der Schule auf neugierige, kritische und offene Art und Weise mit digitalen Tools und Techniken in Berührung kommen, umso besser kann diese Herausforderung gelingen. Insbesondere können Schülerinnen und Schüler auf diese Weise erfahren, dass und wie der virtuelle Raum auch durch sie selbst gestaltet werden kann und was sie dabei beachten müssen.

Damit aber genug der Vorrede. Lassen Sie uns mit der Erkundungsreise hin zu digital-unterstütztem Unterricht starten!

GRUNDLEGENDES FÜR DEN START

KAPITEL 2

Wenn Sie Ihren Unterricht mit digitaler Unterstützung gestalten möchten, hilft Ihnen dieses Kapitel bei der Vorbereitung. Sie erhalten im Schnelldurchlauf einen Überblick, was Sie benötigen und was Sie wissen, können und beachten sollten.

Welche Technik braucht meine Schule?

Digital-unterstütztes Lehren und Lernen ist Bildung unter Einbeziehung von Technik. Die erste Frage auf dem Weg zu „Unterricht digital" lautet deshalb meist: Welche Technik brauchen wir für unsere Schule? Digital-unterstützte Bildung ist vor diesem Hintergrund längst auch zu einem großen Geschäft geworden. Vor allem große Firmen konkurrieren mit Hochglanzbroschüren um Schulaufträge. Sicherlich kennen auch Sie Angebote, die Ihnen Technik verkaufen wollen und dies mit pädagogischen Notwendigkeiten begründen. Als grundlegende Empfehlung gilt hier: Weniger kann oft mehr sein! Wenn Geld und Raum da ist für „technische Spielereien", dann schadet Ausprobieren sicherlich nicht. Der Fokus sollte aber zunächst auf einer soliden Basis-Ausstattung liegen:

1. **Stabiles WLAN:**
   Schülerinnen und Schüler sowie die Lehrkraft haben während des Unterrichts zuverlässig Zugang zum Internet.
2. **Digitale Endgeräte:**
   Schülerinnen und Schülern sowie der Lehrkraft stehen digitale Endgeräte (z. B. in Form von Tablets) zum Lernen zur Verfügung.
3. **Präsentationsmöglichkeit:**
   in den Klassenräumen lassen sich digitale Prozesse und Ergebnisse des Lernens für alle sichtbar visualisieren (z. B. mithilfe eines Beamers).

Während diese Anforderungen in manchen Schulen bereits Realität sind, sind viele andere noch meilenweit davon entfernt. Doch auch wenn Ihre Schule zur letztgenannten Gruppe gehört, müssen Sie dieses Buch und den Vorsatz des digital-unterstützten Lehrens und Lernens nicht zur Seite legen. Denn jede Reise beginnt mit einem ersten Schritt. In diesem Sinne könnten Sie für die drei geschilderten Anforderungen im Rahmen von Schulentwicklungsprozessen beispielsweise die folgenden Ideen einbringen bzw. selbst für Ihren Unterricht erproben:

1. Beginnen Sie damit, WLAN zunächst nur in einem Klassenraum oder einem Teil des Schulgebäudes zur Verfügung zu stellen. Für allererste Schritte kann vielleicht sogar ein LTE-Hotspot helfen. Sie müssten in Erfahrung bringen, ob Ihre Schule hierfür die Kosten und auch eine mögliche Haftung übernehmen würde.

2. Bringen Sie in Erfahrung, inwieweit Schülerinnen und Schüler privat über eigene Geräte verfügen. Falls das der Fall ist, könnten Sie eine BYOD-Lösung (Bring Your Own Device) in Erwägung ziehen – flankiert mit einer Unterstützungsmöglichkeit für Kinder aus einkommensschwachen Haushalten. Alternativ wäre auch ein Rent-Your-Own-Device-Modell denkbar. Hier können Schülerinnen und Schüler oder die Schule digitale Endgeräte gegen eine Gebühr mieten. Im Internet finden Sie dazu unterschiedliche Anbieter. Schließlich können Sie auch bei den Geräten klein beginnen und z. B. zunächst nur einen Tablet-Wagen zum Ausleihen für die ganze Schule anschaffen.

3. Gleiches gilt für die Präsentationsmöglichkeit: Auch hier lassen sich Klassenräume Schritt für Schritt ausstatten. Sie können mit einem ersten Raum beginnen.

Grundsätzlich ist in allen drei Bereichen die Skalierbarkeit und die Flexibilität entscheidend: Setzen Sie sich deshalb dafür ein, dass an Ihrer Schule Lösungen gewählt werden, die ausbaufähig und erweiterbar sind. Und achten Sie darauf, dass sich Ihre Schule nicht (vor allem nicht ohne reifliche Überlegung) für eine längere Zeit, z. B. im Rahmen eines Abo-Modells oder eines Lizenzvertrages ohne Ausstiegsmöglichkeit, bindet. Auf diese Weise schaffen Sie für sich und Ihre Schule den notwendigen Freiraum zum Ausprobieren, Erkunden und Lernen.

Der wichtigste Grundsatz lautet: Niemals sollte die Technik die Pädagogik determinieren und bestimmen. Stattdessen sollte Technik pädagogisch gestaltet werden können.

Was muss ich wissen und können?

Technische Infrastruktur ist das eine. Auf der anderen Seite – und vor allem – braucht es Menschen, die sie nutzen können. Doch viele Lehrerinnen und Lehrer fühlen sich nicht ausreichend auf einen Unterricht mit digitaler Unterstützung vorbereitet. Insbesondere fehlt es häufig an einem Basiswissen in technischer und rechtlicher Hinsicht sowie an einem grundlegenden Verständnis zum Datenschutz. Auf den folgenden Seiten erhalten Sie dazu einen ersten und kompakten Überblick. Das Ziel ist es, die möglicherweise bis dato noch fehlenden eigenen Kompetenzen als Hindernis auf dem Weg zum digital-unterstützten Unterricht aus dem Weg zu räumen.

Technisches Basiswissen

Mit der Verabschiedung des Digitalpakts machte in den sozialen Netzwerken der Witz die Runde, ob denn überhaupt irgendwer die Schülerinnen und Schüler gefragt habe, ob sie bereit wären, ihren Lehrerinnen und Lehrern die ganze Technik zu erklären ... Dies deckt sich mit der Einschätzung zahlreicher Erwachsener, dass die sogenannten „Digital Natives" deutlich kompetenter mit Technik umgehen, als die noch vor der Jahrtausendwende geborenen „Digital Immigrants". Was heißt das für Sie als Lehrer oder Lehrerin?

Ich möchte Sie hier zunächst etwas beruhigen:

1. Selbstverständlich mit „neuen Medien" umzugehen und diese als elementaren Bestandteil des Lebens anzusehen, hat erst einmal wenig mit Kompetenz im Umgang damit zu tun. Noch viel weniger ist damit automatisch eine reflexive Herangehensweise verbunden, die auch dahinterliegende Strukturen erkennt und versteht. Als lehrende Person können Sie den „Digital Natives" vor diesem Hintergrund auch in technischer Hinsicht mehr mitgeben, als Sie vielleicht zunächst annehmen.

2. Zeitgemäßer Unterricht verabschiedet sich aus vielen guten Gründen von der Rolle einer Lehrerin oder eines Lehrers oder als allwissender Person, die Input an Schülerinnen und Schüler weitergibt. Stattdessen wandelt sich die Rolle zum Lernbegleiter oder zur Lernbegleiterin. Das gilt auch für den Einsatz von Technik: Sie müssen hier kein Experte oder keine Expertin sein. Es ist auch nicht nötig, einen Wissensvorsprung vor Schülerinnen und Schülern aufzubauen. Ihre Expertise ist insbesondere die Pädagogik.

3. Digitalisierung ist auch in gesellschaftlicher Perspektive ein Prozess. Aktuell wird vieles ausprobiert, neu entdeckt und alte Gewissheiten werden auf den Prüfstand gestellt. Es wird vor diesem Hintergrund nicht möglich sein und ist deshalb auch gar nicht erforderlich, in der Schule einen fest abgesteckten Kanon an Tools zu erlernen und diesen dann für die nächsten Jahre einzusetzen. Die Herausforderung besteht stattdessen darin, sich auch vonseiten der Schule in den Prozess der Digitalisierung einzubringen und mitzulernen. Ausprobieren und Fehler machen gehören hier unbedingt dazu! Auf diese

Weise können Sie auch Schülerinnen und Schülern das Rüstzeug mitgeben, in einer sich schnell wandelnden Welt eine aktive und gestaltende Rolle einzunehmen.

4. Auch bei digital-unterstütztem Lehren und Lernen geht es nicht vorrangig um Technik, sondern weiterhin um Bildung. Nicht „Wie funktioniert das Tool?", sondern „Wie nutze ich das Tool für zeitgemäßen Unterricht?" sollte die entscheidende Frage für Lehrerinnen und Lehrer sein.

Kurzgefasst: Sie bleiben Lehrer oder Lehrerin – auch bzw. gerade wenn Sie digitale Tools in Ihrem Unterricht zum Einsatz bringen. Was Ihnen dabei helfen kann, ist das folgende, kurz erklärte technische Basiswissen zur Struktur des virtuellen Raums. Ich bin der Auffassung, dass jeder Mensch in einer digitalgeprägten Gesellschaft diese Grundlagen haben sollte – nicht nur Sie als Lehrer oder Lehrerin.

Was ist HTML?

Die Inhalte einer Website werden in der Regel mit HTML geschrieben. Einfach kann man sich HTML als technische Befehle vorstellen, mit denen angegeben wird, wie eine Website gestaltet ist. Charakteristisch für HTML sind die eckigen Klammern <> und </>, in die jeweils die gewünschten Befehle eingetragen werden.

Ein Beispiel: Wenn ich etwas fett anzeigen lassen will, müsste ich den Befehl „strong" verwenden. Der Beginn des fett geschriebenen Textes wird mit <strong> begonnen. Das Ende wird mit </strong> markiert. Wenn Sie also in HTML schreiben: <strong>Mein Text in HTML</strong>. Dann sieht es nachher so aus: **Mein Text in HTML.**

Ein HTML-Dokument besteht in der Regel aus zwei Teilen: einem Head-Teil und einem Body-Teil. Im Head-Teil (der mit <head> startet und mit </head> endet und der in der Regel zu Beginn eines HTML-Dokuments geschrieben wird) stehen Meta-Informationen zum Dokument. In den meisten Fällen müssen Sie in diesem Teil nichts ändern. Im Body-Teil, der mit <body> eingeleitet wird, kommen dann die eigentlichen Inhalte der Website. Wenn man mit dieser Grundstruktur vertraut ist, ist es relativ einfach, bestehende HTML-Dokumente anzupassen. Man sucht dann einfach, wo der Body-Teil beginnt, und ändert dort, wo nötig, den Text. Wir werden dazu später das Tool Glitch kennenlernen.

Ein beispielhaftes HTML-Dokument könnte folgendermaßen aussehen:

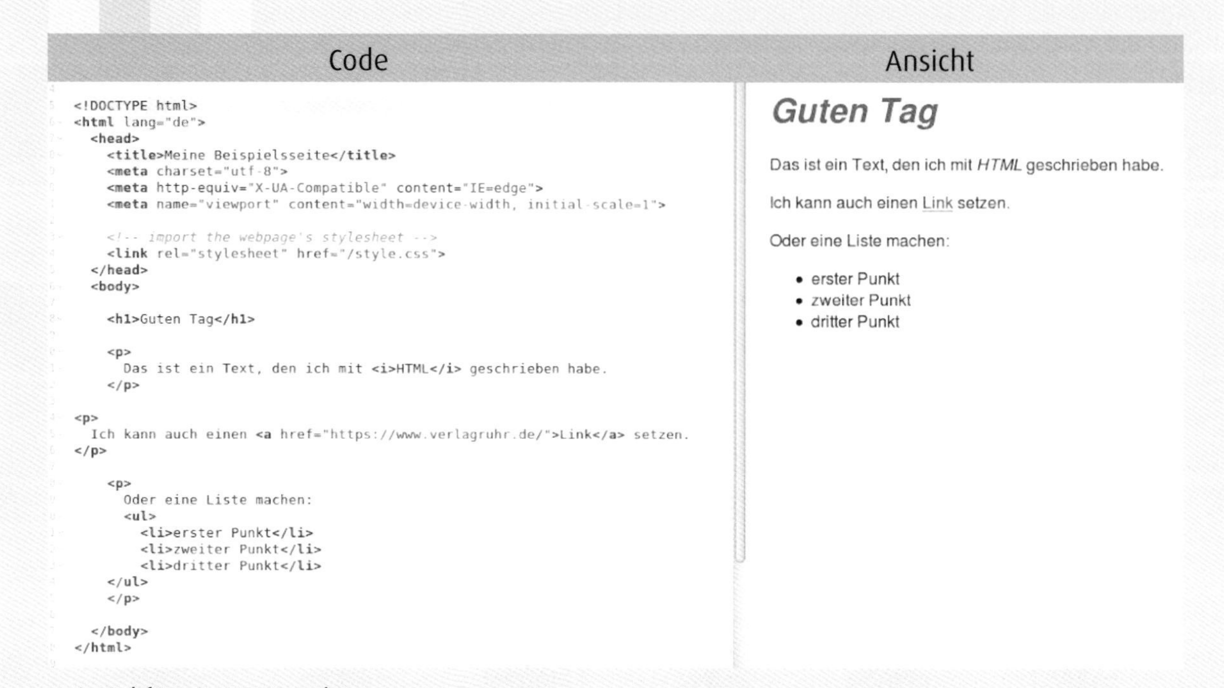

Beispiel für ein HTML-Dokument *(Screenshot einer Anwendung auf glitch.com © Glitch; Beispiel-Anwendung wurde erstellt von Nele Hirsch)*

Was ist Markdown?

Ähnlich wie mit HTML lässt sich auch mithilfe von Markdown angeben, wie ein Inhalt gestaltet sein soll. Im Gegensatz zu HTML ist Markdown deutlich intuitiver und somit einfacher im Unterricht verwendbar. Für einen fett geschriebenen Text werden z. B. als „Befehl" einfach zwei Sternchen verwendet. Eine Überschrift beginnt mit einer Raute. Einige der in diesem Buch vorgestellten Tools basieren auf Markdown.

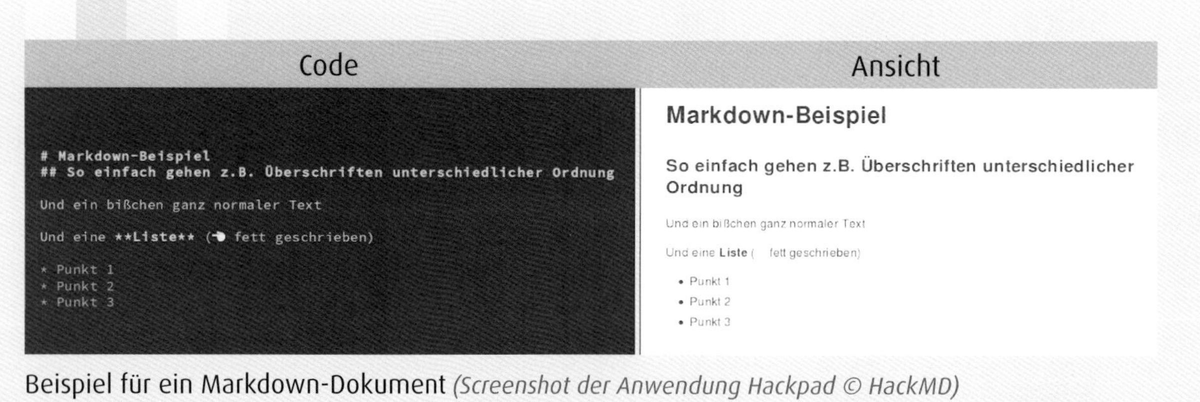

Beispiel für ein Markdown-Dokument *(Screenshot der Anwendung Hackpad © HackMD)*

Was ist ein Browser?

Ein Browser ist ein Programm, mit dem sich Internetseiten öffnen und darstellen lassen. Jeder Browser verfügt dazu über eine Adressleiste, in der Links oder auch direkt Suchbegriffe eingegeben werden können. Geöffnet wird der Inhalt in sogenannten Tabs. In der Regel können mehrere Tabs gleichzeitig geöffnet werden. In den Einstellungen eines Browsers ist unter anderem festgelegt, welche Suchmaschine standardmäßig zum Einsatz kommt. Ich empfehle zur Nutzung grundsätzlich den Firefox Browser von Mozilla. Insbesondere beim Internet Explorer ist man damit konfrontiert, dass viele Websites nicht korrekt dargestellt werden. Das betrifft auch Tools, die in diesem Buch vorgestellt werden. Von seiner Nutzung rate ich deshalb ab.

Was ist ein Server?

Als Server wird heute meist die Infrastruktur bezeichnet, auf der Online-Inhalte gespeichert sind. Wenn Sie also eine eigene Website im Internet veröffentlichen wollen, dann benötigen Sie einen Server, auf dem Sie die Inhalte der Website „hochladen" und speichern. Einen Server kann man selbst betreiben. Alternativ lässt sich über Hosting-Anbieter (Provider) ein Server mieten. Im schulischen Kontext ist bei Servern vor allem der Standort von Interesse. Denn wenn Sie ein Tool nutzen, dessen Server in den USA oder in Russland steht, dann sind die von Ihnen oder von Ihren Schülerinnen und Schülern eingegebenen Daten dort gespeichert.

Was ist ein Cache?

Ein Cache ist der Teil eines Browsers, in dem die bereits abgerufenen Daten aus dem Internet lokal (im Sinne einer Kopie) auf dem eigenen Gerät gespeichert werden. Unter anderem können auch ganze Tools im Browser-Cache gespeichert sein. In diesem Fall findet dann bei der Nutzung des Tools keine Datenübertragung zum Server statt. Die Schülerinnen und Schüler im fiktiven Unterrichtsbesuch haben z. B. Memes erstellt. Dazu haben sie das Tool meinmeme.de verwendet, das wir später noch ausführlicher kennenlernen werden. Dieses Tool funktioniert über den Browser-Cache. Für den Unterricht ist es deshalb sehr sicher in Hinblick auf den Datenschutz: Weder die Bilder, die die Schülerinnen und Schüler hochladen, noch die Texte, die sie eingeben, werden über das Internet übermittelt. Sie arbeiten nur im Cache ihres eigenen Rechners.

Je nach Einstellungen eines verwendeten Browser-Tools sind die erstellten Inhalte beim Schließen des Browsers oder beim manuellen Leeren des Caches dann aber nicht mehr vorhanden. Sie müssen also regelmäßig gesichert werden. Bei meinmeme.de laden die Schülerinnen und Schüler z. B. direkt das erstellte Text-Bild herunter.

Was ist ein iframe?

Über einen iframe lassen sich Online-Inhalte von einer Website auf einer anderen Website einbetten. Sie können sich einen iframe somit wie eine Art Rahmen oder Fenster vorstellen, in dem sich auf Ihrer Website Teile einer anderen Website anzeigen lassen. Bekannt ist unter anderem das Einbetten von Videos von YouTube in einem iframe. Ebenso lassen sich aber auch Bilder oder Online-Bildungsinhalte einbetten. Den benötigten Einbettungs-Code können Sie sich in der Regel auf der Ursprungs-Website als HTML kopieren und ihn dann in Ihre Website einfügen.

Was ist Software?

Unter einer Software versteht man im allgemeinen Sprachgebrauch meist ein Programm, das für ein digitales Gerät bestimmte Funktionen ermöglicht. Eine Schreib-Software ermöglicht in diesem Sinne das Schreiben von Texten.

Was ist eine App?

Mit App ist meist eine Software-Anwendung für ein mobiles Gerät gemeint. Um sie zu nutzen, muss sie zunächst installiert werden. Viele Apps gibt es nur für ein bestimmtes Betriebssystem. Auf einem Android-Smartphone werden Sie somit andere Apps installieren können als auf einem iPad von Apple. Davon zu unterscheiden sind sogenannte Web-Apps. Dabei handelt es sich um Software, die im Browser aufgerufen und genutzt wird. Web-Apps sind somit unabhängig vom Betriebssystem und setzen keine Installation voraus. In diesem Buch werden sie zum Teil auch als „browserbasierte Tools" bezeichnet.

Was bedeutet Open Source?

Open Source bedeutet, dass der Code einer Software offen zur Verfügung steht. Auf diese Weise kann Open-Source-Software meist kostenfrei heruntergeladen und selbst zur Nutzung installiert werden. Außerdem kann eine Open-Source-

Software auch verändert oder weiterentwickelt werden. Der große Vorteil an Open-Source-Software ist, dass die Allgemeinheit die Hoheit über den Code besitzt. Open-Source-Software sorgt für Nachhaltigkeit. Die Software kann nicht plötzlich von einem einzelnen Anbieter eingestellt oder die Nutzungsbedingungen verändert werden.

In den folgenden Kapiteln werden Sie immer wieder auf diese Begriffe stoßen und können dann bei Bedarf jederzeit hierher zurückblättern.

Urheberrecht und offene Lizenzen

Im August 2018 machte ein Urteil des Europäischen Gerichtshofs Schlagzeilen: Eine Schülerin einer Gesamtschule in Nordrhein-Westfalen hatte ein Foto der spanischen Stadt Córdoba im Internet gefunden und für ihr Referat verwendet. Das verwendete Foto versah sie dabei mit einem Link zur Quelle. Anschließend wurde das fertige Referat auf der Website der Schule eingestellt. Der Fotograf des Bildes klagte gegen die Veröffentlichung seines Bildes – und bekam Recht. Aus dem Bauch heraus fragen sich viele und vielleicht auch Sie bei diesem Fall: Aber die Schülerin hat doch einen Link zur Ursprungsquelle dazugesetzt und das Bild hatte keinen Copyright-Hinweis. Wo also ist das Problem? Einfach gesagt, ist das Problem das geltende Urheberrecht. Da es nicht auf Basis einer digital-geprägten Gesellschaft entwickelt wurde, sind viele Regelungen nur schwer nachvollziehbar und oft nicht zum Lehren und Lernen praktikabel.

In diesem Abschnitt beschreibe ich drei weit verbreitete Fehlannahmen zum Urheberrecht im Kontext digital-unterstützter Bildung und schlage eine Lösung zum rechtssicheren Lehren und Lernen vor. Bitte beachten Sie dabei, dass ich selbst keine Juristin bin. Für rechtlich geprüfte Auskünfte müssen Sie ausgebildete Expertinnen und Experten zum Urheberrecht zurate ziehen.

1. Fehlannahme: Wenn etwas urheberrechtlich geschützt ist, dann steht das dabei (z. B. mit einem Copyright-Vermerk).
Diese Annahme ist sehr weit verbreitet, dabei ist das Gegenteil richtig: Wenn nichts dabeisteht, dann ist der Inhalt urheberrechtlich geschützt. Anders ausgedrückt: Sobald eine Person etwas gestaltet, dann fällt das entstehende Produkt unter das Urheberrecht. Dieser Automatismus greift auch dann, wenn sich die urhebende Person dessen gar nicht bewusst ist. Das Urheberrecht umfasst dabei alle denkbaren Formate: z. B. ein gemaltes Bild, eine Infografik, einen Audioclip oder ein Video.

2. Fehlannahme: Ich darf urheberrechtlich geschützte Inhalte weiterverwenden, wenn ich die Quelle dazuschreibe.
Diese Annahme verwechselt wissenschaftliches Arbeiten und das Zitatrecht mit urheberrechtlichen Bestimmungen. Im ersten Fall würde ich einen Abschnitt aus einem wissenschaftlichen Werk zitieren und dabei die Quelle angeben. Es handelt sich somit um eine Darstellung im Interesse einer Reflexion oder Auseinandersetzung mit dem Inhalt. Im zweiten Fall würde ich z. B. ein Bild im Rahmen einer Präsentation oder große Teile eines Textes auf einem Arbeitsblatt verwenden. Hier geht es um Weiternutzung. Der erste Fall ist unter bestimmten Bedingungen erlaubt. Der zweite Fall ist bei urheberrechtlich geschützten Inhalten ein Verstoß gegen das Urheberrecht.

3. Fehlannahme: Für den Bildungsbereich ist das Urheberrecht nicht relevant, denn es gelten Ausnahmen.
Richtig ist, dass im Rahmen des Urheberrechts für den Bildungsbereich sogenannte „Schrankenregelungen" vorgesehen sind. Doch diese Schrankenregelungen sind erstens sehr kleinteilig und damit aufwändig in der Anwendung. Zweitens orientieren sich auch diese Schrankenregelungen, ebenso wie das Urheberrecht insgesamt, an einer überwiegend analog bzw. geschlossen gestalteten Bildung. So ist es an Schulen z. B. erlaubt (bei genauer Beachtung der detaillierten Schrankenregelung in Hinblick auf Umfang und Verwendungszweck), Fotokopien aus urheberrechtlich geschützten Werken herzustellen und an die Klasse zu verteilen. Eine Veröffentlichung im Internet wäre dagegen ein Verstoß gegen das Urheberrecht. Es lässt sich somit festhalten, dass die Schrankenregelungen für den Bildungsbereich noch nie wirklich praktikabel waren – und spätestens im Rahmen einer digital-unterstützten Bildung an ihre Grenzen stoßen.

Lösung: offene Lizenzen
In der fiktiven Hospitation bei Frau Matuschek sind wir schon über den Begriff der „offenen Lizenz" gestolpert. Kurz erklärt, sind offene Lizenzen eine Möglichkeit für urhebende Personen, die engen Grenzen des Urheberrechts für die von ihnen erstellten Inhalte zu lockern. Nehmen wir z. B. an, dass Mister P. einen coolen Song komponiert hat. Er möchte nun gern, dass so viele Menschen wie möglich seinen Song hören, weiterverbreiten und vielleicht auch weitere Strophen dazudichten. Wenn er den Song einfach nur ins Internet stellt, dann ist das anderen aber nicht erlaubt. Wir haben gelernt: Wenn etwas erstellt wird, dann ist das Werk automatisch urheberrechtlich geschützt. Deshalb nutzt Mister P. eine offene Lizenz für seinen Song. Praktisch handelt es sich dabei

um eine Nutzungsvereinbarung, mit der Mister P. es pauschal allen Menschen erlaubt, seinen Song weiterzuverwenden.

Genau wie Mister P. geht es auch vielen Menschen im Bildungsbereich. Denn bereits von Marie von Ebner-Eschenbach ist das Zitat überliefert, dass Wissen das einzige Gut sei, das sich vermehre, wenn man es teile. Vor diesem Hintergrund bietet es sich gerade im Bildungsbereich an, offene Lizenzen zu verwenden und so die Weiternutzung von erstellten Materialien zu ermöglichen. Bildungsmaterialien, die unter einer offenen Lizenz veröffentlicht werden, bezeichnet man als OER. Die Abkürzung steht für die englische Bezeichnung „Open Educational Resources".

Es gibt viele verschiedene Arten von offenen Lizenzen. Im Bildungsbereich werden insbesondere die sogenannten „Creative Commons-Lizenzen" verwendet. Und auch hier gibt es zahlreiche unterschiedliche Lizenzmodelle, je nachdem, welche Nutzungsrechte erteilt werden sollen.

Die einfachste und zugleich weitreichendste Variante ist CC0. Ein Bildungsinhalt unter CC0 darf praktisch beliebig weiterverwendet werden. Es sind keine Credits, Verweise o.Ä. erforderlich. CC0 ist toll für Rohmaterialien: z.B. für Bilder von Memes oder im Rahmen von Flyern. Sie dürfen das Bild dann einfach einfügen und müssen überhaupt nichts dazuschreiben.

Wenn man für die Weiternutzung bestimmte Bedingungen festlegen will, dann werden diese als Kürzel an das CC drangesetzt:
BY – der Name soll mit genannt werden.
SA – es soll nur unter gleichen Bedingungen genutzt und geteilt werden
NC – es darf nicht kommerziell genutzt werden
ND – es darf nicht verändert werden.

Insgesamt können sechs Lizenztypen gebildet werden: CC BY, CC BY-SA, CC BY-NC, CC BY-ND, CC BY-NC-SA, CC BY-NC-ND. Ausgehend von CC BY bis hin zu CC BY-NC-ND, werden die Möglichkeiten zur Weiternutzung immer weiter eingeschränkt:

- Bei CC BY darf ich den Inhalt beliebig weiter nutzen und muss nur den Namen dazuschreiben.
- Bei CC BY-NC-ND darf ich den Inhalt zwar mit anderen öffentlich teilen, aber nicht im kommerziellen Kontext und auch keine Veränderungen daran vornehmen.

Als OER gelten nur Materialien, bei denen auch eine Veränderung und eine Weiternutzung in allen Kontexten erlaubt ist: CC0, CC BY und CC BY-SA.

Die Bedingung „Namen dazuschreiben" erfolgt im Rahmen eines sogenannten Lizenzhinweises. Dieser Lizenzhinweis sollte die folgenden Elemente umfassen:

- den Titel des Inhalts,
- den Namen der Urheberin oder des Urhebers (oder die Bezeichnung, die die Urheberin oder der Urheber angegeben hat. Das kann z. B. auch ein Organisationsname sein),
- die Lizenzbedingungen und den Link zur Lizenz,
- die Quellenangabe,
- Bearbeitungshinweis, sofern Bearbeitungen vorgenommen wurden.

Diese Erläuterungen klingen für Sie wahrscheinlich zunächst sehr abstrakt. Wir können Sie konkreter fassen, indem wir uns die Frage stellen, wie der urheberrechtliche Verstoß der Schülerin an der Gesamtschule in NRW aufgrund der Weiternutzung des Córdoba-Bildes hätte verhindert werden können.

Zunächst wäre es erforderlich gewesen, dass die Schülerin von Anfang an gezielt nach einem Bild von Córdoba unter einer offenen Lizenz gesucht hätte. Empfehlenswert ist hierzu die Suchmaschine von Creative Commons unter ccsuche.de.

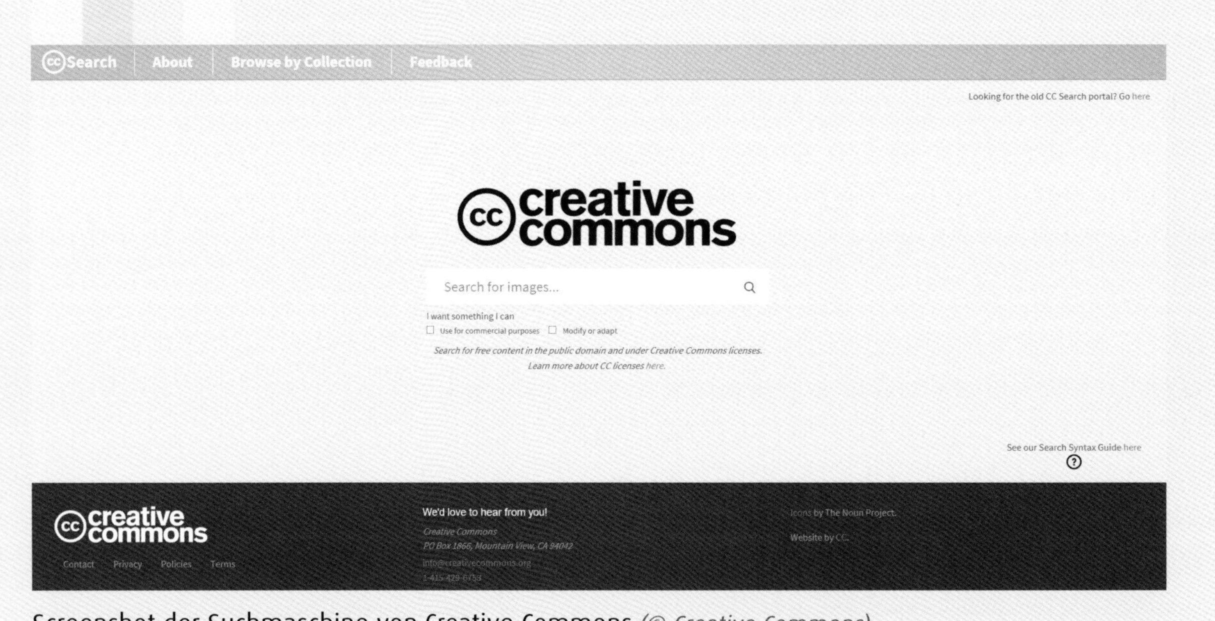

Screenshot der Suchmaschine von Creative Commons *(© Creative Commons)*

Aus den angezeigten Bildern hätte die Schülerin ein Bild ausgewählt und es in ihr Referat eingefügt. Auf der CC Search-Seite wird ihr für das ausgewählte Bild angezeigt, dass das Bild unter der Lizenz CC BY-SA 2.0 steht. Vor diesem Hintergrund würde sie einen Lizenzhinweis ergänzen.

Ihr rechtlich sicheres Ergebnis würde dann folgendermaßen aussehen:

Lizenzhinweis: Das Bild „Cordoba, Spain 2018" by williamsdb is licensed under CC BY-SA 2.0.
Link zur Lizenz: https://creativecommons.org/licenses/by-sa/2.0
Quelle: https://www.flickr.com/photos/39052554@N00/39785812181
(Bild bearbeitet durch Verlag an der Ruhr)

In diesem Lizenzhinweis sind alle oben aufgeführten Elemente erhalten: Name des Werks, urhebende Person, Lizenz, Link zur Lizenz und die Quellenangabe. In der digitalen Variante auf der Schulwebsite hätte die Schülerin die Links nicht ausschreiben müssen, sondern im Text des Lizenzhinweises verlinken können.

Vielleicht denken Sie jetzt: „Puh, das ist aber ganz schön kompliziert mit diesen offenen Lizenzen!" Dann sollten Sie sich vor Augen führen, dass ohne eine grundlegende Reform des Urheberrechts die Alternative wäre, dass die Schülerin selbst nach Córdoba fliegt, ein Foto macht und dieses in ihrem Referat verwendet. Das wäre unter pädagogischen Gesichtspunkten sicherlich empfehlenswert und für die Schülerin eine spannende Erfahrung. Praktikabel für den Schulalltag ist diese Alternative jedoch nicht.

Hinweis:
Leider passieren manchmal auch bei Creative Commons-Lizenzen Fehler und es werden zum Teil Bilder freigegeben, die eigentlich nicht offen lizenziert freigegeben werden dürften.

Was muss ich beim Datenschutz beachten?

Datenschutz lässt sich definieren als Schutz von personenbezogenen Daten vor Missbrauch. Das Ziel von Datenschutz ist, dass jede Person selbst bestimmt, welche Daten sie mit wem und zu welchem Zweck teilt. Vor diesem Hintergrund wird anstelle von Datenschutz zum Teil auch der Begriff der „Datensouveränität" gebraucht. An Schulen ist Datenschutz kein neues Thema, denn schon lange werden hier persönliche Daten von Schülerinnen und Schülern gespeichert und verwendet. Im Kontext der Digitalisierung erhält das Thema aber eine noch größere Bedeutung – und das in doppelter Hinsicht:

1. Daten von Schülerinnen und Schülern werden an der Schule digital verarbeitet.

2. Schülerinnen und Schüler lernen im Unterricht auch mit digitaler Unterstützung.

Im ersten Fall ist die Sicherung des Datenschutzes eine Herausforderung der gesamten Schule und muss im Rahmen von Schulentwicklungsprozessen bewältigt werden. Im zweiten Fall sind Sie als Lehrer oder Lehrerin mit der Herausforderung direkt in Ihrem Unterricht konfrontiert. Denn wenn Ihre Schülerinnen und Schüler mit Online-Tools lernen sollen, muss der Schutz ihrer Daten dabei gewährleistet sein. Wo liegen hier mögliche Fallstricke?

Einige Beispiele:

- Um ein bestimmtes Tool zu nutzen, müssen Schülerinnen und Schüler persönliche Daten, wie z. B. ihren vollständigen Namen, ihre Mailadresse, ihre Telefonnummer oder ihre postalische Adresse, angeben. Für die Funktionsweise des Tools sind diese Daten nicht erforderlich. Es werden persönliche Daten auf Servern außerhalb der EU übertragen. Es gelten dort zum Teil andere gesetzliche Datenschutzbestimmungen als bei uns.
- Das Tool speichert die Aktivitäten und Arbeitsergebnisse Ihrer Schülerinnen und Schüler auf der Website über einen längeren Zeitraum als erforderlich. Die gespeicherten Daten werden von der Anbieterin oder dem Anbieter nicht nur zur Weiterentwicklung des Angebots genutzt, sondern z. B. auch an Dritte weitergegeben und verkauft.
- Das Tool verwendet Tracking-Software, mit der Persönlichkeitsprofile Ihrer Schülerinnen und Schüler angelegt und mit privaten Aktivitäten von ihnen (z. B. in sozialen Netzwerken) verknüpft werden. Datenschutzrechtlich bedenklich ist das vor allem dann, wenn Schülerinnen und Schüler ihr persönliches Gerät bzw. über einen längeren Zeitraum ein identisches Leihgerät verwenden.

Um diese Fallstricke zu verhindern, ist der leider aufwändige, aber dafür sichere Weg das Lesen der Geschäftsbedingungen bzw. der Datenschutzerklärungen. Sie erhalten darin in der Regel Auskunft über den Einsatz von Tracking-Software, über die mögliche Übermittlung von Daten an Drittanbieterinnen und Drittanbieter, über die Nutzung geforderter persönlicher Daten oder über den Standort des Servers. Darauf aufbauend, können Sie dann entscheiden, ob Sie das Tool im Unterricht einsetzen wollen oder nicht.

Am sichersten in puncto Datenschutz sind die Tools, die Sie selbst oder Ihre Schule auf einem eigenen oder gemieteten Server hosten. Ein Beispiel: Wenn Sie mit Schülerinnen und Schülern einen Klassenblog anlegen wollen, dann können Sie dazu das Online-Angebot wordpress.com verwenden. Ihr Blog befindet sich dann auf dem Server von Wordpress.com – und der Anbieter entscheidet über Tracking-Software, Werbeanzeigen und die Verwendung von eingegebenen Daten. Die Alternative ist die eigene Installation der Software Wordpress auf dem eigenen Schulserver. In diesem Fall entscheiden Sie bzw. die Person, die Ihren Schulserver betreut, über die oben genannten Aspekte. Ziemlich sicher werden Sie dann keine Tracking-Software installieren.

Sollten Ihnen für eine Installation die personellen Kapazitäten fehlen, dann ist es oft eine gute Möglichkeit, Tools von Ihnen bekannten bzw. vertrauten Organisationen oder Einzelpersonen zu nutzen. Zudem bieten sich Tools an, bei denen die Aktivitäten der Schülerinnen und Schüler nur lokal im Browser gespeichert werden. Letzteres erkennen Sie daran, dass mehrere Personen die Website eines Tools aufrufen und unterschiedliche Aktivitäten darauf vornehmen – aber diese jeweils nur an ihrem eigenen Rechner angezeigt werden. Um die Ergebnisse in diesem Fall zu teilen, können Sie heruntergeladen werden und/oder es kann ein Link zum Teilen generiert werden.

In den folgenden Kapiteln dieses Buches stelle ich ausschließlich Tools vor, die meiner Einschätzung nach datenschutzrechtlich unbedenklich sind. Alle vorgestellten Tools können direkt im Browser und ohne Registrierung oder Anmeldung genutzt werden. Bei der großen Mehrheit der vorgestellten Tools handelt es sich um Open-Source-Software.

Erste Schritte in der Klasse

Wenn für Ihre Klasse die beschriebene technische Infrastruktur zur Verfügung steht und Sie selbst in puncto technischer Grundlagen, Urheberrecht und Datenschutz an Sicherheit gewonnen haben, kann es mit dem digital-unterstützten Lernen endlich richtig losgehen. Im Folgenden erhalten Sie Anregungen für die ersten Schritte mit Ihrer Klasse.

Digitale Regeln

Digital-unterstützter Unterricht ist wahrscheinlich nicht nur für Sie, sondern auch für Ihre Schülerinnen und Schüler etwas Neues. Während Sie grundsätzlich eine große Aufgeschlossenheit und Vorfreude in Ihrer Klasse erwarten dürfen, kann diese auch schnell in Übermut umschlagen. Von Anfang an ist es deshalb wichtig, dass Sie mit Ihren Schülerinnen und Schülern klare Regeln für den digital-unterstützten Unterricht vereinbaren.

Viele der notwendigen Regeln lassen sich dabei direkt aus dem analogen Klassenzimmer übertragen. Beispielsweise sollen sich auch beim Lernen mit digitaler Unterstützung alle gleichermaßen beteiligen können. Niemand soll ausgegrenzt, beleidigt oder beschimpft werden. Und auch im digitalen Raum gelten Regeln für konstruktives Feedback oder zur Toleranz unterschiedlicher Meinungen.

Daneben ergibt sich neuer Regelungsbedarf, der im rein analogen Raum noch nicht bestand. Insbesondere sollten Sie mit Ihren Schülerinnen und Schülern die folgenden Fragen klären und Vereinbarungen treffen:

- Wann dürfen die digitalen Geräte zum Einsatz kommen und wann nicht? (z. B. nur während festgelegter Zeiten im Unterricht oder immer wenn man möchte)
- Wie eigenständig dürfen Schülerinnen und Schüler im virtuellen Raum unterwegs sein? (z. B. nur auf bestimmten Websites oder je nach Bedarf der jeweiligen Recherche)
- Welche Aktivitäten sind während des Unterrichts tabu, welche sind erlaubt? (z. B. private Nachrichten schreiben, Harry Potter Wizard Unite spielen, eine weiterführende Recherche vornehmen)

Auf diese Fragen gibt es keine eindeutig richtigen oder falschen Antworten. Grundsätzlich können Sie davon ausgehen, dass die Freiheiten mit dem Alter der Schülerinnen und Schüler zunehmen. Aber auch in der Grundschule ist es

beispielsweise denkbar, eigenständige Recherchen der Schülerinnen und Schüler zu erlauben, wenn vorab gemeinsam kindgerechte Suchmaschinen erkundet wurden.

Schließlich müssen unbedingt die folgenden drei Grundregeln gelten, die nicht zur Diskussion gestellt werden können:

1. Im Internet werden ohne ausdrückliche Erlaubnis oder Aufforderung keine persönlichen Daten veröffentlicht: weder von sich selbst noch von Mitschülerinnen oder Mitschülern. (Persönliche Daten sind der vollständige Name, das Geburtsdatum, die Adresse, die Telefonnummer oder andere private Angaben.)
2. Es werden keine Fotos von Personen aus der Klasse aufgenommen und erst recht nicht veröffentlicht. (Es sei denn, es gibt dazu eine explizite Erlaubnis – z. B. im Rahmen von Schulfesten bzw. wenn für ein bestimmtes Unterrichtsprojekt auch die Einwilligung der Eltern dazu vorliegt.)
3. Wer auf etwas Unvorhergesehenes oder Irritierendes im virtuellen Raum stößt, informiert den Lehrer oder die Lehrerin darüber.

Viele Lehrkräfte befürchten, dass die Konzentration von Schülerinnen und Schülern gestört wird, wenn sie vor digitalen Geräten sitzen. Erwartet wird z. B., dass sie sich durch Online-Angebote leicht ablenken lassen und dann dem Unterricht nicht mehr folgen. Aus der Erfahrung kann diese Befürchtung nicht bestätigt werden. Sie sollten lediglich darauf vorbereitet sein, dass in der Einführungsphase, in der alles neu und spannend ist – wie in jeder anderen neuen Situation auch – vielleicht Grenzen ausgetestet werden. Da kann es dann schon passieren, dass die pubertierende Klasse die eingestellten Inhalte in einem Pad löscht und stattdessen unter großem Gejohle plötzlich Penisbilder via Beamer präsentiert werden. Je nach Wahl des Tools können sich Schülerinnen und Schüler dabei durchaus in der Anonymität verstecken. Sobald der erste Übermut verflogen ist, ist Unterricht mit digitaler Unterstützung dann aber nicht mehr oder weniger anstrengend als rein analoger Unterricht. Denn ob Schülerinnen und Schüler im Unterricht unerlaubt miteinander chatten oder sich Zettelchen unter der Schulbank weitergeben, macht grundsätzlich keinen großen Unterschied. Das beste Gegenmittel ist ein motivierender, herausfordernder und aktiver Unterricht. Und digitale Unterstützung bietet Ihnen hierzu noch mehr Möglichkeiten.

Digitaler Sandkasten

Aller Anfang ist schwer! Das gilt auch für den erstmaligen Einsatz von Tools im Unterricht. Denn zum einen sind wahrscheinlich Sie selbst mit der Anwendung noch unsicher. Und zum anderen kennen auch Ihre Schülerinnen und Schüler das Tool in der Regel noch nicht. Die Schülerinnen und Schüler werden als „Digital Natives“ wahrscheinlich dennoch erst einmal drauflosklicken, aber dann schnell auch viele Fragen haben. Erschwerend kommt hinzu, dass unterschiedliche Lerntempi von Schülerinnen und Schülern auch im digitalen Bereich vorhanden sind. Während die ersten also vielleicht schon mit dem Tool arbeiten, verstehen andere immer noch nicht richtig, wie sie das Tool verwenden sollen ... Um solche für Sie sehr anstrengenden und für Ihre Schülerinnen und Schüler wenig hilfreichen Unterrichtssituationen bei der erstmaligen Nutzung neuer Tools zu verhindern, empfiehlt es sich, eine sogenannte „Digitale Sandkasten-Zeit“ einzuplanen. Was ist damit gemeint?

„Digitale Sandkasten-Zeit“ ist ein bestimmter festgelegter Zeitraum, in dem die Prinzipien des Kinderspiels im Sandkasten auf den virtuellen Bereich übertragen werden:

- freies und offenes Erkunden – ohne vorgegebenes Ziel von außen
- gemeinsames Entdecken und Voneinander-Lernen
- spannende Ergebnisse für alle Beteiligten

Praktisch können Sie eine „Digitale Sandkasten-Zeit“ folgendermaßen umsetzen:

- Sie rufen das Tool auf, das Sie neu in der Klasse einführen wollen. Am Beamer zeigen Sie den Schülerinnen und Schülern vielleicht eine erste grundlegende Funktion.
- Sie legen einen bestimmten Zeitraum fest, in dem die Schülerinnen und Schüler das Tool eigenständig erkunden. Der Austausch mit Nebensitzerinnen und Nebensitzern bzw. die Erkundung in Kleingruppen ist dabei ausdrücklich erlaubt. Leitfragen für diese Erkundungsphase sind: „Was kannst du mit dem Tool alles machen? Wie könnten wir in der Klasse mit dem Tool lernen? Was gefällt dir an dem Tool gut? Was gefällt dir an dem Tool nicht? Was verstehst du an dem Tool noch nicht?“
- Nach der Erkundungsphase reflektieren Sie über das Gelernte in einem gemeinsamen Unterrichtsgespräch. Die Schülerinnen und Schüler berichten, was sie herausgefunden haben, und können das auch direkt am Beamer vorführen. Gemeinsam überlegen Sie, ob und wie Sie das Tool zukünftig zum Lernen verwenden wollen.

Für eine solche „Digitale Sandkasten-Zeit" sprechen zahlreiche Gründe:

- Als Lehrer oder Lehrerin werden Sie entlastet, da Sie keine technischen Erklärungen vornehmen müssen. Zum Teil können vielleicht auch Sie von den Schülerinnen und Schülern lernen.
- Die Schülerinnen und Schüler bringen sich die Nutzung des Tools gegenseitig bei. Wer etwas nicht versteht, schaut es sich einfach ab oder fragt direkt nach. Kollaborative Fähigkeiten werden gestärkt.
- Die Einführungsphase wird für alle spannend und motivierend. Im gegenteiligen Fall, dem technischen Vorführen und Nachmachen, wären Langeweile und Frustration dagegen fast schon vorprogrammiert.
- Wie im echten Sandkasten, wo oft sehr kreative Bauwerke oder Sandkuchen-Kreationen entstehen, entwickeln Schülerinnen und Schüler auch im digitalen Sandkasten häufig Einsatzmöglichkeiten für das Tool, auf die Sie allein wahrscheinlich gar nicht gekommen wären. Diese können dann dem Unterricht zugutekommen.
- Auch wenn Sie erst einmal zusätzliche Zeit einplanen müssen, sparen Sie langfristig Zeit ein, weil alle gleichermaßen souverän mit dem Tool umgehen können.
- Mit der „Digitalen Sandkasten-Zeit" leben Sie Schülerinnen und Schülern eine offene Haltung des Erkundens und Ausprobierens vor. Die Schülerinnen und Schüler lernen dabei, eigene Ideen zu entwickeln und sich auf ungewohnte Situationen einzulassen.

Hinweis:
Im Bereich von Software ist solch ein „Sandkasten" (englisch: Sandbox) ein sehr verbreitetes Angebot, um ein bestimmtes Tool einfach ausprobieren und testen zu können.

Digitale Helferlein

Im folgenden Kapitel werden Sie zahlreiche Tools und Techniken kennenlernen, die Sie in Ihrem Unterricht einsetzen können. Voranstellen möchte ich sogenannte Helfer-Tools, die Sie dabei unterstützen, Online-Inhalte einfach mit Ihren Schülerinnen und Schülern zu teilen. Dies werden Sie in fast jeder Unterrichtssituation zum digital-unterstützten Lehren und Lernen benötigen.

Links kürzen

Ein Link ist eine Adresse, die zu einer Website im Internet führt. Immer wieder werden Sie Schülerinnen und Schülern Links weitergeben, unter deren Websites sie recherchieren sollen oder ein Tool zur weiteren Bearbeitung einer Aufgabe finden. Doch gerade auf Plattformen mit automatisch generierten Links sind diese oft sehr komplex. Wenn Sie mit Ihrer Klasse z.B. den Link https://hackmd.io/8_25j_21TUaA6J1kT_30GQ teilen wollen, dann ist die Stunde wahrscheinlich vorbei, bevor alle Schülerinnen und Schüler ihn korrekt abgetippt haben. Abhilfe schaffen können hier sogenannte „Linkverkürzer". Wie der Name bereits andeutet, lassen sich mit ihnen Links kürzen. Der gekürzte Link wirkt dann wie eine Art Weiterleitung: Wenn man ihn in die Browserzeile eingibt, wandelt er sich automatisch in den längeren Link um.

Es gibt zahlreiche Online-Anbieter für Linkverkürzer. Empfehlenswert ist, z.B. kurzelinks.de. Auf dieser Website können Sie den langen Link, den sie teilen möchten, einfügen, auf Wunsch ein bestimmtes Kürzel eingeben und dann auf „Link kürzen" klicken. Aus dem oben dargestellten, kaum abschreibbaren Link könnte auf diese Weise kurzelinks.de/momo werden („momo" wurde dabei als gewünschtes Kürzel eingegeben). Dieser Link ist nun offensichtlich leichter merk- und abschreibbar als die ursprüngliche Langversion.

Website zum Verkürzen von Links *(Screenshot von kurzelinks.de © Gnu York IT-Dienstleistungen)*

Bitte beachten Sie: Kurze Links funktionieren nicht, wenn man sie in die Suchleiste eingibt. Nötig ist die Eingabe in die Browserzeile. Das wird zu Beginn häufig falsch gemacht und die Schülerinnen und Schüler wundern sich dann, dass der Kurzlink nicht klappt.

QR-Codes* generieren

Wenn Ihre Schülerinnen und Schülern mit mobilen Geräten arbeiten, dann lassen sich Links auch gut in Form eines QR-Codes teilen. Bei einem QR-Code handelt es sich um ein mit der Kamera eines mobilen Geräts scannbares Element. Während des Scannens wird der Inhalt geöffnet.

In QR-Codes können Sie sowohl Links als auch kurze Texte o. Ä. „verstecken". Sie eignen sich deshalb gut zum Aufdrucken auf Arbeitsblättern oder für Unterlagen zur Stationenarbeit. In einem QR-Code könnten Schülerinnen und Schüler hier z. B. einen Tipp zur Bearbeitung oder die Lösung der Aufgabe zur Selbstüberprüfung vorfinden.

Es ist nicht schwer, einen QR-Code zu erstellen. Das Verfahren ist immer ähnlich: Sie wählen aus, welche Art von Inhalt Sie in dem QR-Code verpacken wollen, geben den Inhalt an und erstellen den QR-Code. Anschließend kann der generierte QR-Code heruntergeladen und beliebig weiterverwendet werden. Viele Bildungstools haben QR-Codes standardmäßig integriert. Daneben gibt es zahlreiche und meist kostenfreie Anbieter im Internet. Zu den im deutschsprachigen Raum am häufigsten verwendeten Websites gehört goqr.me.

Bei der Arbeit mit QR-Codes sollten Sie beachten: Je umfangreicher der Inhalt eines QR-Codes, desto schwieriger ist er potenziell lesbar. Es bietet sich deshalb an, längere Links zu kürzen, bevor man sie in einen QR-Code umwandelt. Und: Bei älteren Geräten sind QR-Code-Scanner noch nicht standardmäßig in die Kamera integriert. Benötigt wird deshalb ein spezifischer QR-Code-Scanner. Anstatt hierzu eine App zu installieren, können Sie auf eine Online-Variante zurückgreifen. Empfehlenswert ist beispielsweise der QR-Code-Scanner über die Website https://qrsnapper.com. Um damit einen QR-Code zu lesen, muss der Website lediglich die Berechtigung erteilt werden, auf die Kamera zugreifen zu dürfen.

Dateien teilen

Neben Links geht es beim digital-unterstützten Unterricht oft auch um das Teilen von Arbeitsergebnissen oder anderen Dateien. Das kann insbesondere dann der Fall sein, wenn Schülerinnen und Schüler lokal im Browser arbeiten.

Eine einfache und sichere Möglichkeit zum Teilen von Dateien in unterschiedlichen Formaten bietet send.firefox.com: Im ersten Schritt wird hier die gewünschte Datei hochgeladen. Anschließend kann festgelegt werden, wie häufig sie heruntergeladen werden darf bzw. wann sie ablaufen soll und ob sie zusätzlich mit einem Passwort geschützt werden soll. In der Basis-Version ohne Anmeldung ist hier nur ein Download und eine Nutzungsdauer bis zu sieben

* „QR Code" is registered trademark of DENSO WAVE INCORPORATED

Tagen möglich. Für den Unterrichtsgebrauch, wenn Schülerinnen und Schüler mit Ihnen ein Dokument teilen, ist das ausreichend. Wenn Sie mit der ganzen Klasse etwas teilen, werden Sie wahrscheinlich eine Anmeldung benötigen. Anschließend wird ein Link für den Download generiert. Wer diesen Link nutzt, kann die Datei herunterladen.

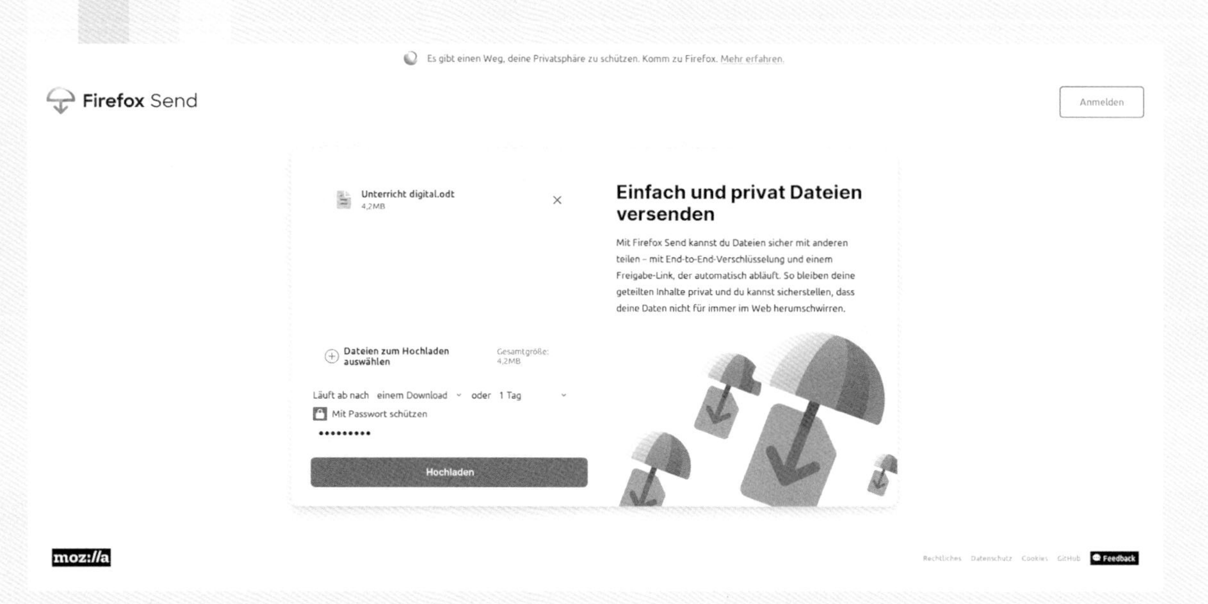

Teilen von Dateien in unterschiedlichen Formaten *(Screenshot von Firefox Send © Mozilla Corporation)*

Alternativ lassen sich Dateien synchron teilen. Hierzu rufen mehrere Personen zeitgleich eine bestimmte Website auf. Die verwendeten Geräte werden anonymisiert angezeigt. Man klickt sie an und teilt direkt die gewünschte Datei. Anbieter für diese Form von Peer-to-Peer-Filesharing sind unter anderem Snapdrop, Sharedrop oder FilePizza.

Bonus-Tipp zum Teilen: Dro.pm

Zum einfachen Teilen von kleineren Dateien während des Unterrichts ist auch dro.pm eine gute Idee. Generiert werden damit Mikro-URL's, die nach zwölf Stunden verfallen. Mikro-URLs sind richtig kurz, z. B. dro.pm/e. Wenn sich die Schülerinnen und Schüler somit einmal die URL dro.pm gemerkt haben, muss man nur noch ein bis maximal drei Buchstaben teilen. Mit dem Tool können sowohl Texte oder Links als auch Dateien geteilt werden – nicht aber beides gleichzeitig. Die Dateien werden hochgeladen bzw. der Text oder der Link wird eingegeben. Sobald die Mikro-URL geöffnet wird, steht die Datei im Browser zum Download bereit oder der Link bzw. der Text wird angezeigt.

METHODISCHE UND TECHNISCHE BAUSTEINE

KAPITEL 3

Im vorherigen Kapitel haben wir wichtige Schritte zur Vorbereitung kennengelernt. Nun wagen wir den Schritt in die Praxis. Ziel des folgenden Kapitels ist es, Methoden und Tools vorzustellen, die Sie beim Lehren und Lernen im virtuellen Raum vielfältig einsetzen können. Es geht somit noch nicht um fertig ausgearbeitete Unterrichtsbeispiele. Beim Lesen werden Sie aber sicherlich viele Ideen für Ihren Unterricht ableiten können. Sortiert sind die Bausteine anhand wesentlicher Basis-Kompetenzen im virtuellen Raum.

Die Tools in diesem Kapitel sind ausführlich beschrieben, Sie finden Screenshots zu den wichtigsten Schritten und die benötigten Links. Ich empfehle, nicht nur zu lesen, sondern die Technik selbst auszuprobieren. Am Ende jedes Abschnitts finden Sie dazu mögliche Aktivitäten zum Selbstlernen und Erkunden.

Informationen recherchieren

Es ist keine neue Herausforderung, nach Informationen zu recherchieren. Aber während früher meist die einzige Möglichkeit ein Gang in die (Schul-)Bibliothek oder zu anderen Informationssammlungen war, ist heute das Internet die am nächsten liegende Anlaufstelle. Hier findet sich praktisch unbegrenztes Wissen. Kontinuierlich wird es aktualisiert und erweitert. Die Schattenseite davon ist, dass diese potenzielle Grenzenlosigkeit Schülerinnen und Schüler (ebenso wie Lehrende) zu erschlagen droht. Wie sollen sie aus dieser Masse an Informationen die herausfiltern, die für eine Fragestellung relevant sind? Hinzu kommen die sogenannten „Fake News“: Wie kann bewertet werden, ob eine Information richtig ist?

Um im Internet nach Informationen zu recherchieren, kommt in der Regel eine Suchmaschine zum Einsatz. Über 90 Prozent aller Suchanfragen in Deutschland laufen dabei über die Suchmaschine von Google. „Googeln“ ist für uns damit so selbstverständlich, dass wir es nicht nur in unseren Wortschatz als Synonym für „im Internet suchen“ übernommen haben, sondern zugleich oft gar nicht mehr merken, dass wir gerade (wenn auch unbewusst) ein Tool verwenden.

Die zentrale Herausforderung beim Recherchieren von Informationen besteht somit darin, Suchmaschinen bewusster einzusetzen und den Umgang mit ihnen zu erlernen. Dazu gehört zum einen, Alternativen zu Google kennenzulernen und auszuprobieren. Außerdem lohnt es sich, weiterführende Funktionen von Suchmaschinen zu lernen und anzuwenden. Die folgenden Aktivitäten eignen sich sowohl zum eigenen Ausprobieren als auch, um gemeinsam mit Schülerinnen und Schülern Recherchekompetenz zu erlernen:

- **Alternativen zu Google kennenlernen und ausprobieren:** Schülerinnen und Schüler recherchieren zu einem Thema und nutzen unterschiedliche Suchmaschinen. Im Rahmen eines Unterrichtsgesprächs wird reflektiert, mit welcher Suchmaschine welche Suchergebnisse gefunden wurden. Eine erste Auflistung möglicher Suchmaschinen findet man unter stattgoogeln.de. Diese Website kann durch Schülerinnen und Schüler genutzt werden.
- **Mit Suchoperatoren recherchieren:** Schülerinnen und Schüler werden Suchoperatoren vorgestellt. Bei Suchoperatoren handelt es sich um Zeichen und Angaben, die im Rahmen einer Suche verwendet werden können, um diese einzugrenzen. Die Suche „vegan -vegetarisch" zeigt beispielsweise Suchergebnisse zum Thema „vegan" an, aber schließt solche zum Thema „vegetarisch" aus. Bei „vegan OR vegetarisch" wird dagegen sowohl nach dem einen als auch nach dem anderen Begriff gesucht. Unter dem Suchbegriff „Suchoperatoren" finden sich zahlreiche weitere Beispiele im Internet. Sie können auch direkt durch Schülerinnen und Schüler gesucht werden.
- **Mit Suchvervollständigungen recherchieren:** Wer sich einem Thema nähert und dazu Informationen recherchiert, kann dazu auch die automatisch angezeigte Suchvervollständigung nutzen. Diese bietet häufig Ansatzpunkte dafür, in welche Richtung weitergesucht werden könnte. Am besten funktionieren diese, wenn nicht nur der Suchbegriff eingegeben wird, sondern z. B. *Suchbegriff versus …* oder *Wie Suchbegriff …* oder *Warum Suchbegriff.*
- **Alternative Such-Mechanismen erkunden:** Neben der Erkundung alternativer Suchmaschinen lassen sich auch Angebote ausprobieren, die mit herkömmlichen Suchmechanismen brechen. Ein Beispiel hierfür ist die Suchmaschine „Wolfram Alpha" (https://www.wolframalpha.com), mit der versucht wird, ein möglichst präzises Ergebnis zur Suche sowie dazu verwandte Informationen anzuzeigen. Ein weiteres Beispiel ist „Million Short" (https://millionshort.com): Bei diesem Suchmechanismus werden die Top-Websites gezielt ausgeblendet, um auf diese Weise in das weniger bekannte Internet eintauchen zu können.
- **Rückwärtssuche:** Anstatt nach Informationen zu recherchieren, lässt sich mit Suchmaschinen auch recherchieren, woher eine bestimmte Information stammt. Genutzt wird dazu eine sogenannte Rückwärtssuche: Ein Satz oder ein Textauszug werden in das Suchfeld eingegeben. Auf diese Weise findet man heraus, wo diese Informationen noch zu finden sind. Noch spannender wird die Rückwärtssuche mit Bildern. Hier wird ein Bild hochgeladen (oder seine URL verlinkt). Angezeigt werden dann alle Websites, auf denen das Bild noch zu finden ist. Bei der Google-Bildersuche (in der Google-Suchmaske oben rechts auf „Bilder" klicken) wird die Rückwärtssuche auf Desktop-Rechnern mit dem Kamera-Symbol gestartet. Alternativ lassen sich spezifisch dafür gestaltete Suchplattformen, wie z. B. tineye.com nutzen.

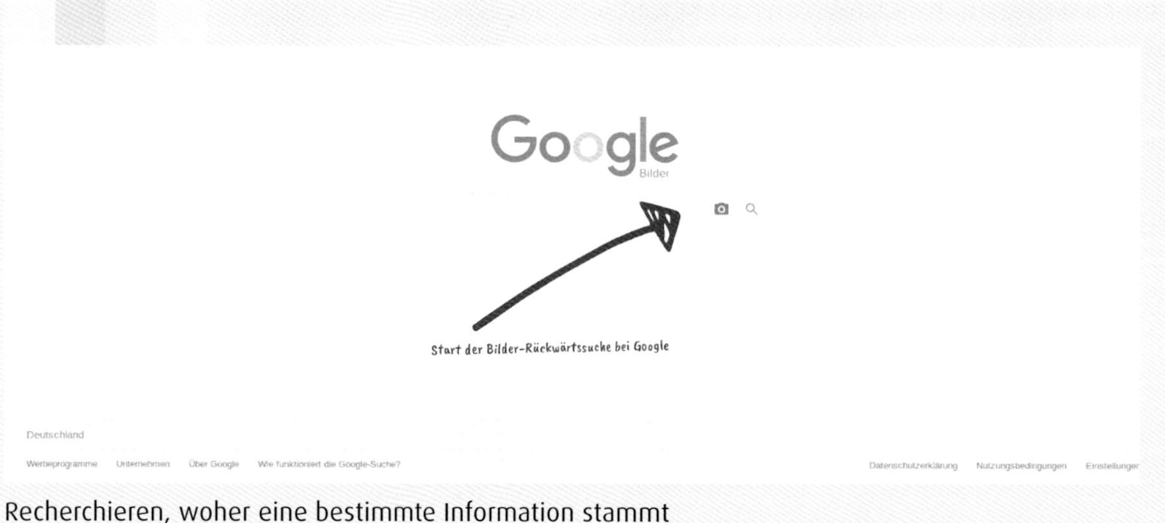

Recherchieren, woher eine bestimmte Information stammt
(Screenshot Google-Bilder-Rückwärtssuche © Google Ireland Limited)

Sobald Schülerinnen und Schüler kompetent mit Suchmaschinen umgehen können, kann das Internet als vielfältige Quelle für Informationen und selbstverständlich in Lernprozesse integriert werden. Die oben dargestellten Aktivitäten sind somit als vorbereitende Aktivitäten zu verstehen.

Jetzt sind Sie dran:

- Suchen Sie nach „Unterricht digital" in verschiedenen Suchmaschinen. Wie bewerten Sie die Ergebnisse?
- Nutzen Sie Suchoperatoren, um Ihre Suche einzugrenzen. Beispielsweise könnten Sie nach „Unterricht digital" und nach Ihrem Fach suchen. Oder Sie suchen auf einer bestimmten Website oder nach einem PDF.
- Wählen Sie ein beliebiges Bild von Ihrem Rechner oder aus dem Internet aus und recherchieren Sie mit der Google-Bilder-Rückwärtssuche bzw. mit tineye.com, ob und, wenn ja, wo das Bild ansonsten noch zu finden ist.

Kuratieren

Auf die Herausforderung der Recherche folgt direkt die Herausforderung der Auswahl, Bewertung und Sortierung. Diese Herausforderung wird häufig auch als „Kuratierung" bezeichnet. Im Wortstamm von „Kuratierung" steckt das lateinische Verb „curare", was übersetzt so viel bedeutet wie „für etwas sorgen" oder „sich um etwas kümmern". Die kuratierende Person im Museum kümmert sich z. B. um den Erhalt und Ausbau der Sammlungen und gestaltet auch Sonderausstellungen zu einem bestimmten Thema. Im Zeitalter der Digitalisierung sind wir auch im Alltagsleben mehr und mehr auf Kuratierung angewiesen und betätigen uns selbst (oft auch unbewusst) als Kuratorinnen und Kuratoren. Wenn wir z. B. einen Apfelkuchen backen wollen, dann ist eine unsortierte Liste mit einigen Hundert Rezepten für uns in der Regel deutlich weniger hilfreich als eine kuratierte Liste mit drei getesteten und für gut befundenen Empfehlungen eines passionierten Bäckers.

Im Bildungskontext ist Kuratierung sowohl für Lehrende als auch für Lernende eine große Herausforderung. Für Lehrende kann Kuratierung z. B. bedeuten, nach Lehrmaterialien zu recherchieren, die im Unterricht verwendet werden können. Und auch für Lernende ist Kuratierung eine unbedingt zu erlernende Schlüsselkompetenz. Kuratierung bedeutet dabei nicht nur, die Inhalte auszuwählen, zu bewerten und zu sortieren, sondern, sie auch zu präsentieren und mit anderen zu teilen.

Zur Auswahl und zur Bewertung von Online-Inhalten werden häufig Checklisten empfohlen. Beispiele hierfür sind das professionelle Aussehen einer Website, die wissenschaftliche Sprache oder das Fehlen von Rechtschreibfehlern. Kurz gefasst, lautet die Vorgabe: Je „besser" eine Website ist, desto vertrauenswürdiger ist sie auch. Dem ist aus drei Gründen zu widersprechen:

- **Bedeutungslosigkeit:** Solche „vertrauenswürdigen Äußerlichkeiten" lassen sich sehr leicht faken, sind also bedeutungslos. Der Checklisten-Ansatz führt zudem noch dazu, dass viele Lernende anfällig für Regeln sind, die ebenfalls nicht stimmen (Z. B. wird eine .com-Endung bei einer Website als weniger vertrauenswürdig als eine .org-Endung eingeordnet, was nicht korrekt ist und wozu sich zahlreiche Gegenbeispiele finden lassen).
- **Kompliziertheit:** Die intensive Prüfung einer Quelle nach mehreren Kriterien stammt noch aus einer überwiegend analogen Zeit, in der ich z. B. entscheiden musste, welchen von fünf Artikeln ich in meiner Hausarbeit zitieren will. In einer digitalisierten und vernetzten Gesellschaft, in der ich potenziell mit massenhaft und zum Teil auch sehr kurzen Informationen (z. B. einem Social-Media-Clip) konfrontiert bin, werden Faktencheck-Routinen benötigt, die schnell und einfach sind. Ansonsten lassen es viele Menschen wahrscheinlich eher ganz mit dem Faktencheck ...
- **Einerseits/andererseits:** Checklisten drohen, einen zu erschlagen und dazu zu führen, dass man den Wald vor lauter Bäumen nicht mehr sieht – das eine Kriterium trifft zu, das andere nicht, das dritte kann ich nicht einschätzen ... Wie soll da eine Entscheidung getroffen werden? Anders ausgedrückt: Da bei Checklisten Relevanz-Einschätzungen meist fehlen, erschweren sie eher die Entscheidung über die Quelle, anstatt zu helfen.

Anstelle von Checklisten sind deshalb Handlungsroutinen der bessere Weg zum Faktencheck. Diese müssen leicht verständlich und durchführbar sein. Vier „Moves" sind dazu empfehlenswert:

1. **Innehalten/Stopp:** Bevor man irgendetwas mit einer Information macht, hilft es, kurz innezuhalten und zu überlegen, wie die eigene Einschätzung zu der Information ist. Insbesondere hilft das Innehalten auch beim Surfen: Auch wenn „immer weiter klicken" oder „das erste Suchergebnis anklicken" manchmal hilft, um möglichst viel zu einem Thema und seinen Vernetzungen zu erfahren, kann es oft auch dazu führen, dass man sich in irgendetwas verrennt und sein ursprüngliches Ziel aus den Augen verliert.

2. **Quellen überprüfen:** Mit Quellenüberprüfung ist keine intensive Recherche gemeint, sondern eine simple Einschätzung, woher die Information stammt (schreibt McDonalds über die Anforderungen an eine gesunde Ernährung oder der Bundesverband der Veganer*innen? Beide müssen nicht Recht haben, aber wenn ich weiß, von wem die Information stammt, kann ich sie von Anfang an besser einordnen).

3. **Umfassende Informationen finden:** Oft ist es gar nicht die Quelle, die wichtig ist, sondern es interessiert, was von einer bestimmten Aussage in einer Information zu halten ist. In diesem Fall hilft es, herauszufinden, was andere dazu sagen bzw. was man sonst noch dazu findet: Handelt es sich bei der Aussage eher um einen gesellschaftlichen Konsens, um eine Minderheitenposition oder ist es ein Streitpunkt? Damit ist noch nicht entschieden, wie ich mich dazu positioniere, aber es hilft mir bei der Einschätzung. Und ich sollte immer nach Quellen suchen, die die unterschiedlichen Positionen möglichst gut abdecken.

4. **Ursprünglichen Kontext recherchieren:** Informationen werden fast immer nur in Ausschnitten präsentiert. Es wird „über etwas" geschrieben. Es hilft, zu recherchieren, was der Kontext ist: Was ist bei einem Video davor und danach passiert? Woher stammt ein Bild? Was fehlt in einem Text, was vielleicht zur Einordnung ebenfalls wichtig wäre? Um diese Fragen zu beantworten, lohnt es sich, nach den Original-Informationen zu recherchieren.

Aus den englischsprachigen Bezeichnungen dieser sogenannten „Moves" („**S**top", „**I**nvestigate the source", „**F**ind better coverage", „**T**race claims, quotes and media to the original context") ergibt sich das Akronym SIFT. Zusammenfassend lässt sich SIFT als Versuch der Kontextualisierung von Informationen einordnen, was dann die Bewertung erleichtern kann (Quelle: http://lessons.checkplease.cc).

Praktisch umgesetzt wird diese Kontextualisierung, indem man sich weniger die gefundene Information selbst anschaut, sondern das, was das Netz dazu sagt. Das lässt sich an einem praktischen Beispiel verdeutlichen: Auf einer Nachrichtenseite lese ich, dass vegetarische Ernährung einer Studie zufolge die Intelligenz von Menschen verringere. Die traditionelle Herangehensweise wäre nun, die Richtigkeit anhand der Aufmachung der Website selbst zu überprüfen: Hat sie ein Impressum? Verfügt Sie über ein professionelles Aussehen? Ist die URL verdächtig?

Mit den vier Moves würde ich stattdessen recherchieren, was das Netz darüber sagt – um dann zu einer eigenen Bewertung zu kommen. Unter anderem könnte ich die Suchbegriffe „vegetarisch" und „Intelligenz" in eine Suchmaschine eingeben. Auf einen Blick würde ich dann sehen, dass es dazu auch die gegenteilige Auffassung gibt – und könnte mich auf die Suche nach einer Quelle machen, die das Thema umfassender behandelt. Und um meine ursprüngliche Quelle selbst zu bewerten, könnte ich nach der URL oder dem Website-Namen auf Wikipedia suchen. Zwar stimmt auch nicht alles, was auf Wikipedia steht, aber mindestens wird mir aufgezeigt, auf welche Referenzen sich eine bestimmte Äußerung bezieht – und ich kann sie, darauf aufbauend, besser einordnen. Dieser „Wikipedia-Trick" (= URL oder Name + Wikipedia in eine Suchzeile eingeben) gehört deshalb mit zu den wirkungsvollsten Techniken zur Informationskontextualisierung.

Für den dann sich anschließenden Schritt der Kuratierung – die Präsentation und das Teilen von Informationen – können unterschiedliche Tools genutzt werden. In der einfachsten Variante können Schülerinnen und Schüler Mini-Websites mit ihren ausgewählten Inhalten zusammenstellen. Hierfür gibt es im offenen Netz mehrere Anlaufstellen. Zu beachten ist, dass diese Mini-Websites ohne Registrierung funktionieren. Das hat den großen Vorteil, dass Schülerinnen und Schüler ohne Preisgabe persönlicher Daten eine „Website" im Netz veröffentlichen und teilen können. Der Nachteil liegt darin, dass nach der Veröffentlichung keine Veränderungen mehr möglich sind und die erstellte Website von allen, die über den Link verfügen, dauerhaft aufrufbar ist.

Anlaufstellen zur Erstellung von Mini-Websites sind:

Telegra.ph: Hier lassen sich auch Bilder und YouTube-URL einfügen. Der Text ist mittels eines integrierten Editors gestaltbar. Nach Veröffentlichung der Website ist eine Bearbeitung über den Browser Cache noch möglich.

Ausgangspunkt zur Erstellung einer Mini-Website *(Screenshot Telegra.ph © Telegram)*

txt.fyi: Das Tool funktioniert ähnlich wie Telegra.ph. Allerdings gibt es keinen Text-Editor. Stattdessen wird Markdown als Formatierungssprache verwendet. Die wichtigsten Befehle lauten: #Überschrift, **fetter Text**, *kursiver Text*, >Zitat und [Linktext] (https://beispiel.de).

Quicknote.io: Bei diesem Tool steht ein übersichtlicher Text-Editor zur Gestaltung zur Verfügung. Veränderungen und auch das Löschen von angelegten Websites sind über den Browser-Cache möglich.

Neben dieser individuellen Erstellung von Mini-Websites lassen sich Kuratierungen auch kollaborativ gestalten. Im nächsten Abschnitt werden dazu unter anderem Etherpads zum kollaborativen Schreiben (und Präsentieren von Informationen) dargestellt.

Jetzt sind Sie dran:

- Überprüfen Sie die Aussage „Die Strahlung von Smartphones ist gesundheitsgefährdend" mithilfe einer „Netzbefragung".
- Gestalten Sie eine „Mini-Website" als Spickzettel für Ihre Schülerinnen und Schüler – z. B. können Sie dort wichtige Suchoperatoren zusammenstellen oder auch ein anderes Thema wählen.

Kollaborativ schreiben

Mit kollaborativem Schreiben ist gemeint, dass mehrere Personen gleichzeitig auf ein Text-Dokument zugreifen und dieses synchron bearbeiten. Technisch umgesetzt wird diese Methode durch eine offen zugängliche und beschreibbare Website im Internet. Über die URL kann diese Website von mehreren Personen gleichzeitig aufgerufen und dann bearbeitet werden.

Technisch wird das kollaborative Schreiben meist mit der Software „Etherpad" umgesetzt. Vor diesem Hintergrund werden die beschreibbaren Websites im Netz häufig als „Etherpads" oder „Pads" bezeichnet. Beim Hospitations-Besuch

bei Frau Matuschek haben wir ein „Hackpad" kennengelernt. Die Software Etherpad kann selbst installiert werden. Sie ist Open Source. Einfacher und für den Einstieg empfehlenswerter ist es aber, auf bereits fertige Installationen zurückzugreifen, die in der Regel offen zugänglich sind. Im deutschsprachigen Raum sind insbesondere die folgenden drei Etherpad-Anbieter zu empfehlen:

- zumpad.zum.de
- unserpad.de
- yourpart.e

Die Funktionsweise ist bei allen Anbietern von **Etherpads** ähnlich: Auf der Ausgangsseite kann man entweder ein bereits erstelltes Pad öffnen, indem der in diesem Fall bekannte Name des Pads eingetragen wird. Oder man erstellt per Klick auf den Button „Neues Pad" ein neues Pad mit einer Zufalls-URL. Falls gewünscht, kann man bereits vor Unterrichtsbeginn Fragen oder Überschriften eintragen. Es lassen sich so viele Pads erstellen, wie benötigt werden. Anschließend kann die URL des erstellten Pads mit den Schülerinnen und Schülern geteilt werden. Sie können das Pad öffnen und kollaborativ und synchron bearbeiten.

Während des kollaborativen Schreibens lassen sich die eigenen Beiträge farblich markieren und ein Name dazu eintragen. In der Klasse sollte gemeinsam besprochen werden, ob und, wenn ja, wie diese Funktion genutzt wird. In den Einstellungen des Pads kann festgelegt werden, ob ein Chat aktiviert und angezeigt werden soll. Damit steht eine zusätzliche Ebene für Austausch und Absprachen während des Schreibens zur Verfügung. Außerdem kann der Versionsverlauf angezeigt werden: Was wurde wann geändert? Über den Versionsverlauf lässt sich das Pad auch wieder zu einer früheren Version zurücksetzen. Das kann vor allem dann hilfreich sein, wenn versehentlich alle Inhalte gelöscht wurden.

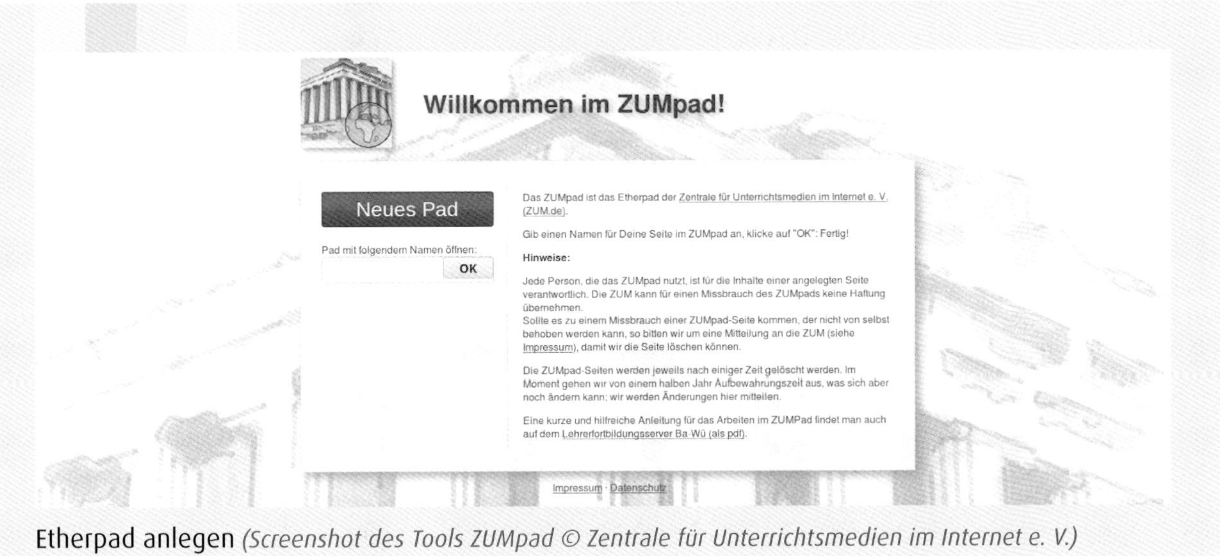

Etherpad anlegen *(Screenshot des Tools ZUMpad © Zentrale für Unterrichtsmedien im Internet e. V.)*

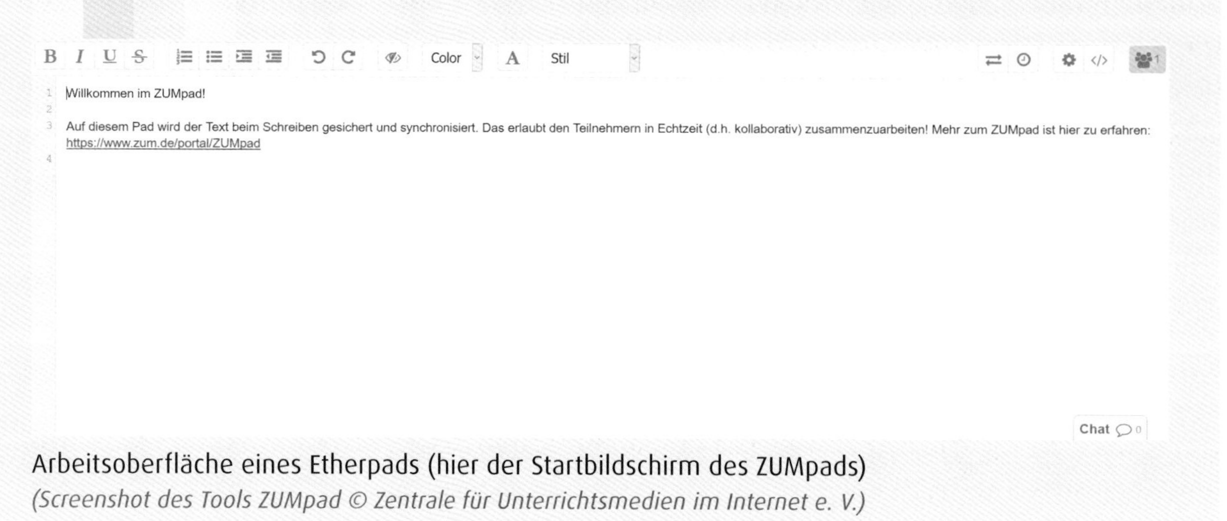

Arbeitsoberfläche eines Etherpads (hier der Startbildschirm des ZUMpads)
(Screenshot des Tools ZUMpad © Zentrale für Unterrichtsmedien im Internet e. V.)

Wer das erste Mal mit einem Etherpad im Unterricht arbeitet, ist oft über die Offenheit des Tools irritiert. Schülerinnen und Schüler können nicht nur in festgelegten Bereichen schreiben, sondern überall. Potenziell können also auch Überschriften verändert und sogar die Einstellungen individuell festgelegt werden. Auch ist es nicht intuitiv nachvollziehbar, wer welche Inhalte eingetragen bzw. was verändert und gelöscht hat. Vor diesem Hintergrund gibt es einige häufig gehörte Bedenken zum Einsatz eines Etherpads im Unterricht:

- Schreiben die Schülerinnen und Schüler denn da nicht nur Blödsinn rein?
- Werden im Pad Sachen verändert oder gelöscht, die dort stehen bleiben sollen?
- Wie kann ich sehen, ob sich alle beteiligen?

Die Erfahrung zeigt, dass diese Bedenken in den meisten Fällen unbegründet sind. Das gilt umso mehr, wenn das Etherpad bei der erstmaligen Nutzung ausführlich erklärt und mit der Klasse gemeinsam Regeln zur Nutzung vereinbart werden. Wichtig ist es insbesondere, festzuhalten, dass keine persönlichen Angaben in Etherpads veröffentlicht werden. Außerdem können Verfahrensregeln festgelegt werden. Diese Festlegung der Regeln kann bereits ein erstes kollaboratives Schreibprojekt in der Klasse sein.

Und: Wenn der erste Versuch schiefgeht, weil sich z. B. Ihre pubertierende Klasse in dem Pad austobt, dann brechen Sie ab. Nutzen Sie die kommende Stunde für eine Reflexion darüber, wie die Klasse gemeinsam lernen möchte. Erfahrungsgemäß ist das Stören im Pad nur für sehr kurze Zeit spannend.

Um den Einstieg ins kollaborative Schreiben zu unterstützen, können für die ersten Etherpad-Unterrichtsprojekte bestimmte „Rollen“ verteilt werden:

- **Schreiberin/Schreiber:** Schreibe alles auf, was dir einfällt.
- **Sortiererin/Sortierer:** Versuche, die eingestellten Inhalte zu sortieren und zu strukturieren.
- **Fehlerfinderin/Fehlerfinder:** Versuche, Fehler zu finden und zu korrigieren.

Auf Basis solch einer Rollenzuteilung fällt es Schülerinnen und Schülern oft leichter, sich im kollaborativen Schreiben einzubringen. Dazu gehört z. B. auch, etwas Geschriebenes zu löschen oder umzuformulieren.

Zu beachten ist unbedingt, dass Etherpads nicht zur dauerhaften Speicherung angelegt sind. Nach ungefähr einem halben Jahr Inaktivität werden die Inhalte gelöscht. Der genaue Zeitraum ist bei den Anbieterinnen und Anbietern unterschiedlich und meist auf der Startseite angegeben. Die Inhalte der erstellten Pads lassen sich vorab aber in unterschiedlichen Formaten exportieren und auf diese Weise sichern.

Neben dem klassischen Etherpad gibt es zwei Alternativen, die zum Teil aufgrund ihrer zusätzlichen Funktionen für den Einsatz im Unterricht spannend sein können.

Cryptpad: Das Cryptpad ist eine Open-Source-Software, die von dem gleichnamigen Anbieter in Frankreich bereitgestellt wird. Das Tool ist erreichbar über die URL cryptpad.fr. Das Cryptpad legt großen Wert auf umfassenden Datenschutz. Hilfreich zum Einsatz im Unterricht ist insbesondere die Funktion, Pads sowohl in einem „Bearbeitungsmodus" als auch in einem „Ansichtmodus" zu teilen. Auf diese Weise können z. B. vorläufige Ergebnisse einer Gruppenarbeit im Ansichtsmodus geteilt und später daran weitergearbeitet werden.

HackMD: Das Hackpad basiert auf der Open-Source-Software CodiMD. Eine deutschsprachige Version wird von der Open Knowledge Foundation unter https://hackmd.okfn.de zur Verfügung gestellt. Das Schreiben auf dem Hackpad wirkt auf den ersten Blick deutlich komplizierter als im Etherpad, da hier in Markdown geschrieben wird. Es handelt sich dabei um eine sehr einfach zu erlernende Auszeichnungssprache. Zur Unterstützung gibt es einen integrierten Text-Editor. Während der fiktiven Hospitation bei Frau Matuschek kam ebenfalls solch ein Hackpad zum Einsatz. Besonders hilfreich für den Unterricht ist die dort gezeigte Funktion, dass der Modus ganz einfach von Ansicht zu Präsentation gewechselt werden kann. Das Hackpad lässt sich somit charakterisieren als ein „kollaboratives Pad mit integrierter Präsentationsmöglichkeit".

Kollaboratives Schreiben lässt sich sehr vielfältig im Unterricht zum Einsatz bringen. Bei den im folgenden Kapitel vorgestellten Unterrichtsideen sind Pads mit Abstand das am häufigsten genutzte Tool.

Jetzt sind Sie dran:

- Suchen Sie sich einen Etherpad- oder alternativen Anbieter aus und richten Sie eine kollaborative Schreibumgebung ein. Teilen Sie den Link testweise mit einem Kollegen oder einer Kollegin oder einer Person aus Ihrem Bekanntenkreis und schreiben Sie mit ihr gemeinsam und synchron darin.

Unterricht organisieren

Digitale Tools lassen sich auch als Möglichkeit nutzen, um Lernprozesse und Unterricht zu strukturieren und zu organisieren. In diesem Abschnitt finden Sie dazu einige Hinweise und Empfehlungen.

Classroomscreen: Transparenz zum Unterrichtsverlauf

Den Classroomscreen haben Sie bereits bei der fiktiven Hospitation bei Frau Matuschek im Einsatz erlebt. Das Tool ist über die URL classroomscreen.com erreichbar. Programmiert hat es ein Lehrer aus den Niederlanden in seiner Freizeit. Das Tool bietet Ihnen eine digital gestaltbare Oberfläche mit dem Ziel, Schülerinnen und Schülern transparent zu machen, worum es im Unterricht gerade geht und wie viel Zeit z. B. noch für eine Aufgabe verbleibt. Es bündelt viele einzelne Angebote. Sie können Datum, Uhrzeit, einen Timer oder eine „Ampel" einblenden, etwas schreiben, zeichnen oder einen QR-Code anzeigen, eine Zufallsauswahl treffen, die Lautstärke im Klassenraum messen oder Arbeitssymbole darstellen. In Ergänzung zum klassischen Classroomscreen gibt es auch eine „Exit Poll"-Variante mithilfe derer Schülerinnen und Schüler die Stunde bewerten können.

Der große Vorteil des Classroomscreens liegt in seiner Einfachheit: Sie müssen nichts vorbereiten, sondern lediglich die URL im Klassenraum öffnen und via Beamer für alle sichtbar projizieren. Ihre Einstellungen sind nur temporär im Browser gespeichert. Andere haben darauf keinen Zugriff.

ONCOO: Digitale Pinnwand

Die Variante zur digitalen Tafel nennt sich „ONCOO". Es handelt sich dabei um ein Projekt des Fachseminars Informatik am Studienseminar für das Lehramt an berufsbildenden Schulen in Osnabrück. Anders als beim Classroomscreen, der nur von einer Person bestückt wird, beteiligen sich bei ONCOO mehrere – in der

Regel die gesamte Klasse. Klassische Methoden aus dem analogen Raum werden dabei digital transferiert und ihr Einsatz somit erleichtert. Am bekanntesten sind bei ONCOO hierbei die Pinnwand und die Zielscheibe:

- Bei der Pinnwand beschriften die Schülerinnen und Schüler digitale Karten und veröffentlichen sie auf einer zentralen, digitalen Pinnwand.
- Bei der Zielscheibe setzen die Schülerinnen und Schüler virtuelle Klebepunkte auf eine digitale Evaluations-Scheibe.

Daneben gibt es weitere Methoden.

Genau wie der Classroomscreen ist ONCOO ein sehr einfach und ohne Vorbereitung nutzbares Tool. Sie wählen aus, welche Umgebung Sie laden wollen, legen auf Wunsch ein Passwort fest (damit verhindern Sie, dass Schülerinnen und Schüler sich in der Rolle der Lehrkraft auf dem angelegten ONCOO betätigen) und teilen dann den automatisch generierten Link mit den Schülerinnen und Schülern.

In unserem Beispiel haben wir als Umgebung die Pinnwand ausgewählt. Die Ansicht auf den Geräten der Schülerinnen und Schüler unterscheidet sich von der Lehrer-Ansicht, die über den Beamer für alle sichtbar visualisiert werden sollte. Während die Schülerinnen und Schüler Karteikarten beschriften und „an die Tafel" senden, zeigt die Lehrer-Ansicht alle eingehenden Karten und bietet die Möglichkeit zur Sortierung.

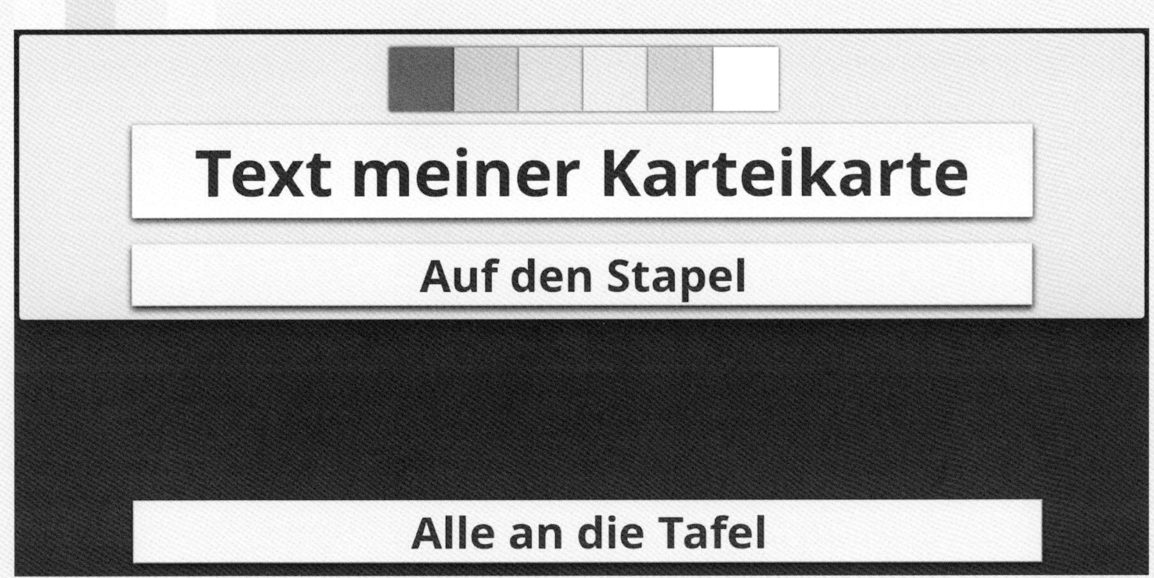

Schüler*innen-Ansicht des ONCOO-Pinnwand-Tools
(Screenshot ONCOO © Olaf Müller; Thomas Rohde: Online Kooperation – Kartenabfrage; 2019; https://www.oncoo.de)

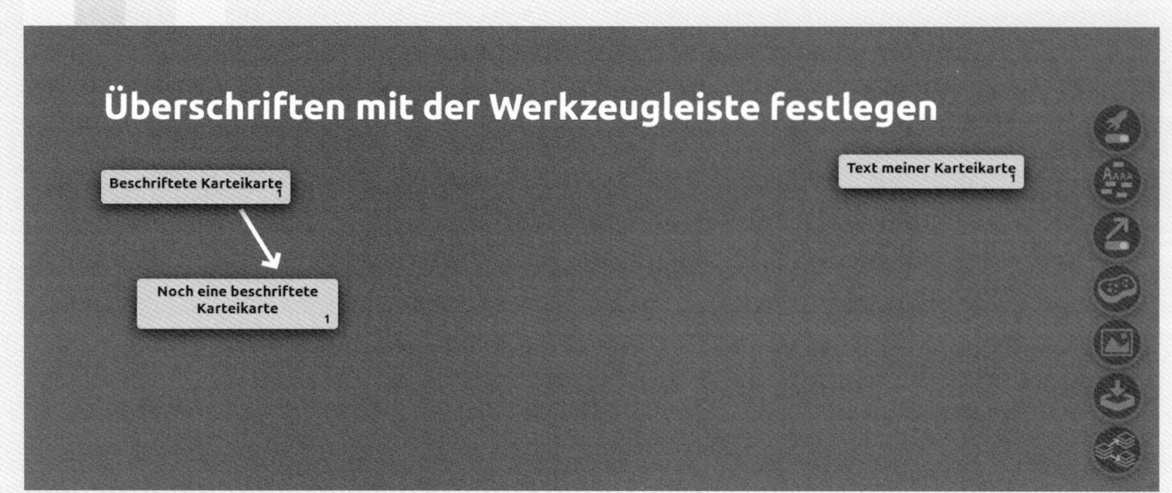

Lehrer*innen-Ansicht des ONCOO-Pinnwand-Tools
(Screenshot ONCOO © Olaf Müller; Thomas Rohde: Online Kooperation – Kartenabfrage; 2019; https://www.oncoo.de)

Flinga: Brainstorming und Mindmapping

Flinga ist ein Tool aus Finnland. Es bietet ähnliche Funktionalitäten wie ONCOO. Anders als dort müssen Sie sich als lehrende Person kostenfrei registrieren, um Flinga nutzen zu können. Für Schülerinnen und Schüler gibt es dann einfache Zugangscodes oder QR-Codes, die ohne Anmeldung funktionieren.

Bei Flinga wird zwischen der sogenannten „Wall" und dem „Whiteboard" unterschieden. Die Wall eignet sich insbesondere zu Brainstorming-Zwecken. Da die eingegebenen Karten anschließend auch bewertet werden können, kann man damit auch eine Frage-Antwort-Runde vorbereiten. In diesem Fall tragen die Schülerinnen und Schüler zunächst ihre jeweiligen Fragen ein und markieren anschließend, welche der von ihren Mitschülerinnen und Mitschülern eingereichten Fragen für sie ebenfalls spannend sind. Schließlich können Sie die Fragen – angefangen von der Frage mit der höchsten Bewertung – anzeigen lassen und dann beantworten oder diskutieren.

Beim Whiteboard lässt sich nicht nur zeichnen, sondern auch Text in vorgefertigten Formen veröffentlichen – z.B. als Person, als Herz, als Quadrat …
Auf diese Weise können kollaborativ Mindmaps gestaltet werden.

Sehr hilfreich ist bei Flinga die Möglichkeit, die eingegebenen Daten als Tabellen-Dokument zu exportieren und auf diese Weise weiterzunutzen. Das ist auch deshalb hilfreich, weil Sie maximal fünf Whiteboards oder Walls parallel anlegen können. Wenn Sie dann ein weiteres Projekt beginnen wollen, müssen Sie ein früheres löschen. Sie erreichen Flinga über die Website flinga.fi.

Weitere Tools für speziellere Herausforderungen

Während ONCOO und Classroomscreen bei vielen Lehrkräften fast täglich im Unterricht zum Einsatz kommen, lassen sich für einzelne Gelegenheiten auch weitere Tools via Beamer nutzen:

- Wenn Sie Clips von YouTube im Unterricht zeigen wollen, kann Ihnen das Tool Quietube (quietube.com) dabei helfen. Es ermöglicht das Zeigen von Clips in einer ablenkungsfreien Umgebung, d.h. ohne Kommentare, ähnliche Videos und Bewertungen. Auch der YouTube-Cropper (ytcropper.com) kann helfen: Mit diesem können Sie in der Vorbereitung der Stunde gezielt einen Ausschnitt eines Clips zum Zeigen auswählen und dann über eine URL aufrufen.
- JitsiMeet ist ein Tool für einfache Videokonferenzen. Sie können damit ohne Anmeldung oder Registrierung eine URL generieren, die Sie mit allen teilen können, die sich an der Videokonferenz beteiligen sollen. Sie lernen dazu später die Unterrichtsidee „Die Welt ins Klassenzimmer holen" kennen.

Jetzt sind Sie dran:

- Richten Sie sich probeweise einen Classroomscreen ein und testen Sie die unterschiedlichen Anzeigemöglichkeiten.
- Spielen Sie mit ONCOO und der digitalen Pinnwand: Richten Sie die Pinnwand z.B. an Ihrem Desktop-Rechner oder Laptop ein – und nutzen Sie Ihr Smartphone dann als „Schüler-Gerät". Auf diese Weise erhalten Sie einen Einblick in beide Perspektiven – und können später im Klassenraum bei Bedarf auf Fragen der Schülerinnen und Schüler besser eingehen.
- Erstellen Sie eine Mindmap mithilfe von Flinga.fi.

Wiederholen und festigen

Digitale Tools können eine große Unterstützung sein, wenn Unterrichtsstoff geübt, gefestigt und wiederholt werden soll. Sehr gut geeignet sind dazu interaktive Bildungsmaterialien. Interaktiv bedeutet in diesem Fall, dass die Schülerinnen und Schüler zu einer bestimmten Eingabe eine automatisierte Rückmeldung erhalten. Sie können z.B. Multiple-Choice-Aufgaben lösen, sich ein Video ansehen und dabei Zwischenfragen eingeblendet bekommen oder einen Lückentext ergänzen. Auf diese Weise kann selbstorganisiertes Lernen mit personalisierten Lernangeboten umgesetzt werden.

Vielleicht denken Sie jetzt: Alles schön und gut, aber interaktive und digitale Materialien zu gestalten, das übersteigt ganz deutlich meine Fähigkeiten! In diesem Fall habe ich eine gute Nachricht für Sie. Denn dank der Open-Source-Software H5P können auch Menschen, die nur wenig technikaffin sind, mit relativ geringem Aufwand interaktive Bildungsmaterialien selbst gestalten. In diesem Abschnitt lernen Sie, wie das genau funktioniert.

H5P ist ein technischer Rahmen, in dem mehrere unterschiedliche sogenannte „Inhaltstypen" zur Verfügung gestellt werden. Ein Inhaltstyp ist dabei immer eine bestimmte Form von Interaktivität. Z. B. gibt es einen Inhaltstyp für Quizfragen, für einen Lückentext oder für Drag and Drop. Zu H5P gehört außerdem ein Editor, mit dem man wählen kann, welchen Inhaltstyp man gestalten will, und mit dem man dann die entsprechende Gestaltung vornehmen kann. Schließlich ist H5P auch ein Dateiformat: Wenn Sie einen Inhalt erstellt haben, dann können Sie ihn im Format .h5p herunterladen. An dieser Stelle ist direkt eine Einschränkung von H5P zu nennen: Das Format .h5p lässt sich nicht „einfach so" und offline öffnen, sondern grundsätzlich nur online.

Um H5P-Inhalte zu gestalten, benötigen Sie Zugriff auf einen H5P-Editor. Dieser lässt sich im Rahmen von Drupal, Wordpress, Moodle oder Ilias als Plugin installieren. Für Testzwecke können Sie sich auch einen kostenfreien Account auf H5P.org anlegen. Eine deutschsprachige Benutzeroberfläche, auf der Sie H5P auch ohne Registrierung testen können, finden Sie auf einstiegh5p.de. Wenn Sie Ihre H5P-Inhalte dort dauerhaft speichern wollen, können Sie einen kostenfreien Account anfragen. Die Zentrale für Unterrichtsmedien im Internet (ZUM) bietet auf der Website h5p.zum.de sowohl die Möglichkeit zur Recherche nach H5P-Inhalten als auch die Erstellung eigener Inhalte an.

Zum Erstellen eines H5P-Inhalts gehen Sie folgendermaßen vor:

- Sie wählen „Neuen Inhalt erstellen" oder „Bestehenden Inhalt hochladen". Letzteres kann hilfreich sein, um das Rad nicht neu zu erfinden, sondern auf bestehenden Materialien aufzubauen.
- Sie wählen den gewünschten Inhaltstyp aus. Nach der Auswahl werden Ihnen genau die Felder angezeigt, die sie zur Gestaltung des Inhaltstyps benötigen. Bei einer Multiple-Choice-Aufgabe haben Sie z. B. die Möglichkeit, die Frage und die möglichen Optionen einzutragen sowie festzulegen, welche Option die richtige ist.
- Sie füllen die angezeigten Felder aus und speichern den Inhalt. Wenn Sie den erstellten Inhalt abgespeichert haben, können Sie ihn anschließend direkt über die URL mit den Schülerinnen und Schülern teilen.

Beispiele zu allen verfügbaren Inhaltstypen finden sich auf der Website h5p.org. Im Folgenden beschreibe ich einige davon. Es kommen auch kontinuierlich neue dazu:

- **Quiz:** Ermöglicht die Zusammenstellung eines Quiz mit mehreren unterschiedlichen Fragetypen, z. B. Richtig-Falsch- und Multiple-Choice-Fragen. Die Schülerinnen und Schüler beantworten die Fragen und bekommen dann eine Auswertung angezeigt.
- **Summary:** Die Schülerinnen und Schüler wählen aus mehreren Aussagen die jeweils richtige aus. Der Schritt wird mehrmals wiederholt. Am Ende bleiben alle richtigen Aussagen aus allen Schritten in Form einer Art Zusammenfassung zum Thema stehen.
- **Drag and Drop:** Die Schülerinnen und Schüler ordnen Elemente auf einem Bild richtig zu (z. B. die einzelnen Bestandteile eines Fahrrads).

Neben der Möglichkeit, H5P-Inhalte für Schülerinnen und Schüler zu erstellen, können diese natürlich auch selbst durch Schülerinnen und Schüler erstellt werden. Auf diese Weise reflektieren sie den Lernstoff. Das kann z. B. zum Abschluss einer Lerneinheit passieren. Empfehlenswert sind hierzu sowohl die oben aufgeführten abfrageorientierten Inhaltstypen, mithilfe derer Schülerinnen und Schüler sich gegenseitig Aufgaben stellen können. Zum anderen bieten sich für eine zusammenfassende Darstellung und Übersicht auch die folgenden Inhaltstypen an:

- **Course Presentation:** Bei diesem Inhaltstyp handelt es sich um ein Präsentationstool, in dessen Rahmen auch interaktive Elemente eingebunden werden können.
- **Dialog Cards:** Mit diesem Inhaltstyp werden digitale Karteikarten erstellt, nutzbar z. B. für Vokabel-Lernkarten. Schön daran ist, dass auch Audio integriert werden kann.
- **Timeline:** Mit diesem Inhaltstyp lässt sich eine Zeitleiste erstellen, die zu unterschiedlichen Daten weiterführende, auch multimediale Inhalte präsentiert.

Auch für Schülerinnen und Schüler ist die Erstellung von H5P-Inhalten auf einstiegh5p.de eine gute Option. Auf diese Weise ist keine Registrierung erforderlich. Sie können direkt mit der Gestaltung loslegen.

H5P ist besonders wirkungsvoll, wenn es genutzt wird, um mehrere Inhalte zu erstellen und beispielsweise in thematischer Sortierung als Lernangebot zu präsentieren. Hierzu bietet H5P die Möglichkeit der Einbettung von Inhalten. Sie haben hierüber die Möglichkeit, sich von erstellten H5P-Inhalten einen Code zu kopieren, mit dem Sie den erstellten Inhalt auf jeder beliebigen Seite veröffentlichen können. Auf diese Weise lassen sich mehrere H5P-Inhalte auf einmal teilen. Als Basis zum Einfügen des H5P-Codes kann beispielsweise das im Kapitel zum kollaborativen Schreiben vorgestellte Hackpad dienen.

Darüber hinaus können Sie erstellte H5P-Inhalte über die Funktion des „Reuse" herunterladen bzw. kopieren und im Rahmen eines neuen Inhalts hochladen bzw. einfügen und weiterbearbeiten. Auf diese Weise müssen Sie das Rad nicht immer neu erfinden, sondern können auf erstellten H5P-Inhalten von Kolleginnen und Kollegen aufbauen. Um Inhalte auf diese Weise weiterzunutzen, klicken Sie bei einem erstellten H5P-Inhalt auf den Button „Reuse". Daraufhin können Sie eine .h5p-Datei herunterladen oder kopieren. Diese lässt sich auf Ihrem Gerät nicht öffnen. Sie können aber einen neuen H5P-Inhalt mit dem von Ihnen gewählten H5P-Editor beginnen. Anstelle der Auswahl eines Inhaltstyps wählen Sie dann die Funktion „Upload/Hochladen". Nun haben Sie die Möglichkeit, die gespeicherte Datei auszuwählen und weiterzuverwenden.

Die „Reuse"-Funktion können Sie auch nutzen, um die von Schülerinnen und Schülern erstellten H5P-Inhalte auf einstiegh5p.de über die jeweilige Unterrichtsstunde hinaus zu speichern. Die Funktion ist zudem hilfreich, um die Funktionsweise komplexerer Inhaltstypen kennenzulernen: Anstatt ganz neu mit der Erstellung des Inhalts zu beginnen, laden Sie sich dafür das entsprechende Beispiel von der Website h5p.org herunter und „remixen" es, d. h. gestalten es um und speichern es dann neu.

Jetzt sind Sie dran:

- Öffnen Sie die Website einstiegh5p.de, klicken Sie auf „Test-Inhalt erstellen" und wählen Sie den gewünschten Inhaltstyp. Gut geeignet für den Einstieg ist „Multiple Choice".
- Füllen Sie die angezeigten Felder mit Ihren gewünschten Test-Inhalten aus. Klicken Sie anschließend auf „Speichern".
- Probieren Sie den von Ihnen erstellten Inhalt aus.
- Testen Sie eine Einbettung des Inhalts in ein Hackpad und versuchen Sie auch, den Inhalt herunterzuladen bzw. zu kopieren, um ihn später weiterverwenden zu können.

Verknüpfen und kontextualisieren

Digital unterstütztes Lehren und Lernen bietet neue und andere Möglichkeiten als der analoge Raum. Ein gutes Beispiel hierfür ist das vernetzte Schreiben und Lesen. Während im analogen Bereich ein Text in der Regel einen klaren Anfang und ein klares Ende hat und er normalerweise von vorn nach hinten durchgelesen wird, sieht das bei „Hyperlink-Texten" anders aus. Hier ist das Springen zwischen unterschiedlichen Inhalten, das Vertiefen je nach eigenem Interesse und das offene Ende die Normalität. Wer schon einmal einen Text

auf Wikipedia oder in einem anderen Wiki gelesen hat, der kennt diese Art der Rezeption aus eigener Erfahrung: Ausgehend von einem bestimmten Eintrag, folgt man den weiteren Verlinkungen, entdeckt wieder etwas Neues, das einen interessiert, liest an dieser Stelle weiter, sucht noch einmal nach einem anderen Begriff ...

In Ihrer Klasse können Sie die Schülerinnen und Schüler solche Hyperlink-Texte nicht nur rezipieren lassen. Insbesondere können die Schülerinnen und Schüler sie auch selbst gestalten. Ein empfehlenswertes Tool hierzu ist Twine. Bei Twine handelt es sich um ein einfaches Open-Source-Tool. Es kann auf dem eigenen Rechner installiert werden. Daneben gibt es auch eine Online-Version, bei der lokal im Browser gearbeitet wird. Das Tool benötigt etwas Zeit zur Einarbeitung, aber ist dann sehr lohnend und vielseitig einsetzbar.

Mit dem Tool können sogenannte „Twines" erstellt werden. Einfach erklärt, handelt es sich dabei um Texte mit beliebig vielen internen Verlinkungen. Wie in einem Wiki werden diese Links direkt im Text gesetzt. Ansonsten gibt es keine Vorgaben. Das Tool ermöglicht damit eine sehr große Offenheit und Flexibilität in der Gestaltung.

In der einleitenden Hospitation bei Frau Matuschek haben wir Twine bereits kennengelernt. Mit diesem Tool haben die Schülerinnen und Schüler die interaktive Geschichte erstellt. Sie haben sich dabei überlegt, wie die Geschichte mit Momo weitergegangen wäre, wenn Momo am Abend im Amphitheater der Schildkröte Kassiopeia nicht gefolgt wäre. Dazu haben sie unterschiedliche Handlungsstränge entwickelt, die von den Lesenden je nach eigener Auswahl verfolgt werden konnten. Wie die Erstellung dieser interaktiven Geschichte und damit auch jedes anderen interaktiven Textes genau funktioniert, zeige ich Ihnen im Folgenden Schritt für Schritt:

- Sie öffnen die Website twinery.org und wählen den Link „Use it online". Alternativ können Sie direkt die URL http://twinery.org/2 eingeben.
- Auf der rechten Seite haben Sie die Möglichkeit, eine neue Geschichte anzulegen. Sie geben der Geschichte einen beliebigen Namen und klicken auf „Hinzufügen".
- Es öffnet sich eine Überblicksseite mit einem ersten, noch unbenannten Absatz. Sie öffnen diesen Absatz mit einem Doppelklick oder mit Klick auf das Stiftsymbol. Nun können Sie den gewünschten Text und die gewünschten Verlinkungen eingeben.
- Jeder Absatz hat dabei einen Namen, über den er von anderen Absätzen aus referenziert werden kann. Für die Lesenden des Twines ist diese Bezeichnung später nicht sichtbar. Es bietet sich an, zur Bezeichnung nur ein

Wort mit Kleinbuchstaben zu verwenden, das eindeutig zum jeweiligen Absatz passt. Der erste Absatz könnte z. B. „start" genannt werden.

- Verlinkungen funktionieren nach dem Muster [[verlinkter Text|name des absatzes]]. Wenn man einen Link mit einem neuen, noch nicht erstellten Absatz einfügt, wird dieser Absatz von Twine automatisch erstellt.

Im Momo-Beispiel sah der erste beschriftete Absatz folgendermaßen aus:

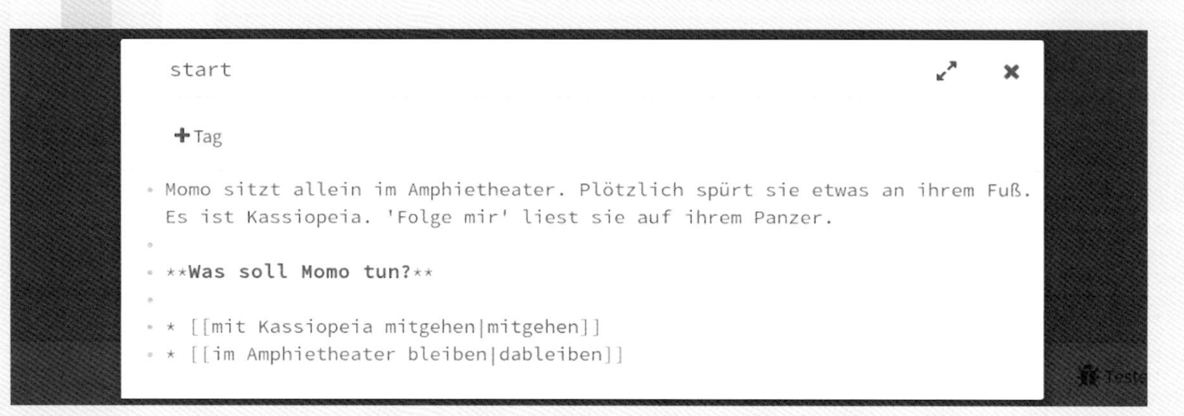

Erster Absatz in einem neu erstellten Twine *(Screenshot von Twine, Urheber Chris Klimas)*

Wie Sie sehen, wurden hier zwei neue Absätze angelegt, die jeweils zwei Varianten der Geschichte als Option anbieten. Die Lesenden werden später nur den verlinkten Text „mit Kassiopeia mitgehen" und „im Amphitheater bleiben" sehen.

Wenn Sie außerhalb des bearbeiteten Absatzes auf eine beliebige Stelle klicken, gelangen Sie wieder zurück zur Übersichtsseite. Hier sind nun zwei neue Passagen erstellt: „mitgehen" und „dableiben".

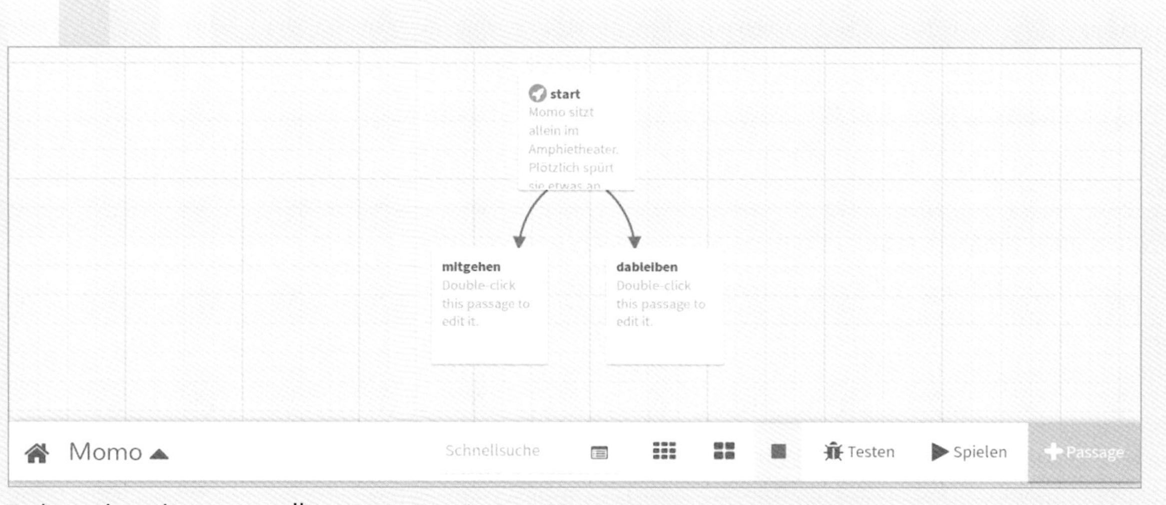

Twine mit weiteren erstellten Passagen *(Screenshot von Twine, Urheber Chris Klimas)*

Sie können nun wie bei der Bearbeitung des ersten Absatzes vorgehen: einen Absatz mit Doppelklick auswählen und Text und weitere Links eintragen. Sie können dabei beliebig viele Handlungsstränge öffnen. Selbstverständlich lassen sich Lesende der Geschichte auch „rückwärts" leiten. Dazu wird einfach ein früherer Absatz verlinkt.

Für Schülerinnen und Schüler ist es erfahrungsgemäß sehr herausfordernd, sich in die Perspektive der Lesenden zu versetzen und jeweils unterschiedliche Verlinkungen anzubieten.

Um ein Twine zu testen bzw. probeweise zu spielen, wählen Sie in der unteren Leiste den Button „Spielen" aus. Das Twine öffnet sich im Lesemodus in einem neuen Tab. Sie sehen nun nur noch den Text der Geschichte und können den gewünschten Handlungsstrang über die angezeigten Links auswählen. Wenn etwas noch nicht passt oder Sie Ergänzungen vornehmen wollen, dann bearbeiten Sie das Twine weiter.

Wenn Sie das Twine fertig erstellt haben, öffnen Sie das Menü (über das kleine Dreieck neben dem Namen der Geschichte) und wählen die Option „Als Datei veröffentlichen". Heruntergeladen wird nun eine Datei im Format .html. Wenn Sie diese auf Ihrem Rechner anwählen, öffnet Sie sich lokal in Ihrem Browser. Wie Sie ein erstelltes Twine auch online veröffentlichen und mit anderen teilen können, erfahren Sie im Abschnitt „Entwickeln".

Zu Twine folgen hier noch einige Tipps für Fortgeschrittene:

- Über das Menü lässt sich die Darstellungsweise des Twines festlegen. Wählen Sie dazu „Format der Geschichte ändern" aus. Mit der Auswahl von „Harlowe 1.2.4" ändert sich z. B. die Darstellung von „Weiß auf schwarzem Hintergrund" zu „Schwarz auf weißem Hintergrund". Wer mit Twines Tutorials anstelle interaktiver Spiele und Geschichten erstellt, findet dieses Layout oft passender.
- Wenn Sie später an einem begonnenen Twine weiterarbeiten möchten, dann können Sie die gespeicherte HTML-Datei auf der Startseite unter „Importieren aus Datei" hochladen (anstelle des Anlegens einer neuen Geschichte).
- Für die Formatierung des Textes können Markdown-Befehle verwendet werden, z. B.: **fetter Text**, # eine Überschrift, * ein Aufzählungspunkt in einer Liste.

Jetzt sind Sie dran:

- Öffnen Sie die Website twinery.org, klicken Sie auf „Use it online" und erstellen Sie nach der obigen Anleitung eine kurze interaktive Geschichte.

Inhalte visualisieren und analysieren

Im vorherigen Abschnitt ging es um „Hyperlink"-Texte als Möglichkeit, wie mit digitaler Unterstützung neue Gestaltungsformen für Texte entstehen. Nun folgen drei weitere Gestaltungsformen. Der Fokus liegt auf der Visualisierung von behandelten Inhalten, was zu einer vertieften Auseinandersetzung beitragen kann.

Inhalte in Memes präsentieren

Während der Hospitation bei Frau Matuschek haben die Schülerinnen und Schüler in einer Gruppe Memes zum Roman „Momo" erstellt. Sie haben dazu Bilder gewählt und beschriftet. Auf diese Weise haben sie in Bildsprache einen Überblick über den gesamten Roman gegeben.

Memes können somit charakterisiert werden als „Text-Bild-Kombinationen": aussagekräftige Motive, die in Kombination mit Text oft neue Bedeutungen erhalten. Es gibt unterschiedliche Arten von Memes. Sie prangern z. B. Missstände an oder regen zum Nachdenken an. Der Grundcharakter von Memes ist aber ein spaßiger. Kurz gefasst, gelten Memes auch als „Witze der Online-Community". Verbreitet werden sie meist über soziale Netzwerke. Der besondere Reiz (von Memes) entsteht dadurch, dass einzelne Motive mit immer wieder anderen Texten veröffentlicht werden. Im Internet finden sich dazu sogar Generatoren für ein bestimmtes Motiv.

Ein Beispiel ist das „Distracted Boyfriend Meme", das seit 2017 in immer neuen Varianten durch das Internet geschickt wird. Das Foto zeigt einen jungen Mann an der Hand seiner Freundin, der bewundernd einer anderen Frau hinterherblickt. Aus diesem Bild ist z. B. die folgende Variante entstanden:

Beispiel „Distracted Boyfriend Meme"
(© Antonio Guillem/Shutterstock.com, Bild bearbeitet durch Verlag an der Ruhr)

Wenn Sie mit Schülerinnen und Schülern in weiterführenden Schulen Memes im Unterricht erstellen, werden Sie mit zahlreichen solcher „Insider"-Memes konfrontiert werden und selbst viel dazulernen. Meme-Gestaltung ermöglicht es Schülerinnen und Schülern dann wunderbar, sich die Inhalte des Unterrichts, ausgehend von und aufbauend auf ihrer Lebensrealität, zu erschließen. Die Kürze des zur Verfügung stehenden Textes lässt sie Gelerntes gut auf den Punkt bringen. Mit jüngeren Schülerinnen und Schülern, die noch nicht selbst in sozialen Netzwerken aktiv sind, sind Memes wahrscheinlich erst einmal „nur" Text-Bild-Karten. In dieser Art war auch das während der Hospitation bei Frau Matuschek präsentierte erste Meme gestaltet. Spaß und kreative Auseinandersetzung mit Inhalten sind aber auch in diesem Fall garantiert.

Während ältere Schülerinnen und Schüler – insbesondere, wenn sie ihr eigenes Smartphone im Unterricht nutzen – in der Regel keine technische Unterstützung zur Gestaltung von Memes benötigen, ist für jüngere Schülerinnen und Schüler eine werbe- und ablenkungsfreie Meme-Gestaltung wichtig. Eine auch datenschutzrechtlich unbedenkliche Website, bei der Memes lokal im Browser und damit ohne Datenübertragung zum Server erstellt werden, finden Sie auf meinmeme.de. Auf der Seite lässt sich ein im Internet gefundenes oder selbst aufgenommenes Bild hochladen, mit Text versehen und dann als Meme herunterladen. Auf Wunsch kann das Layout (Schwarz auf Weiß oder Weiß auf Schwarz) geändert werden. Außerdem können Sie die Größe des Memes anpassen. Die fertigen Memes können dann z. B. in einem gemeinsamen Hackpad geteilt werden. Alternativ ist die Erstellung einer Mini-Website via telgra.ph denkbar.

Prozesse animieren

Neben einfachen Text-Bild-Kombinationen können Sie mit digitaler Unterstützung auch Prozesse visualisieren und diese sogar real vorführen. Diese Technik werden Sie im Unterricht wahrscheinlich nicht alltäglich einsetzen, sondern eher nur zu spezifisch passenden Themen. Genutzt werden kann hierzu die Website kreislauftool.de. Wenn Sie die Website aufrufen, dann sehen Sie ein erstes einfaches Beispiel: In einem Kreis steht der Begriff „Füchse"; im anderen Kreis der Begriff „Kaninchen".

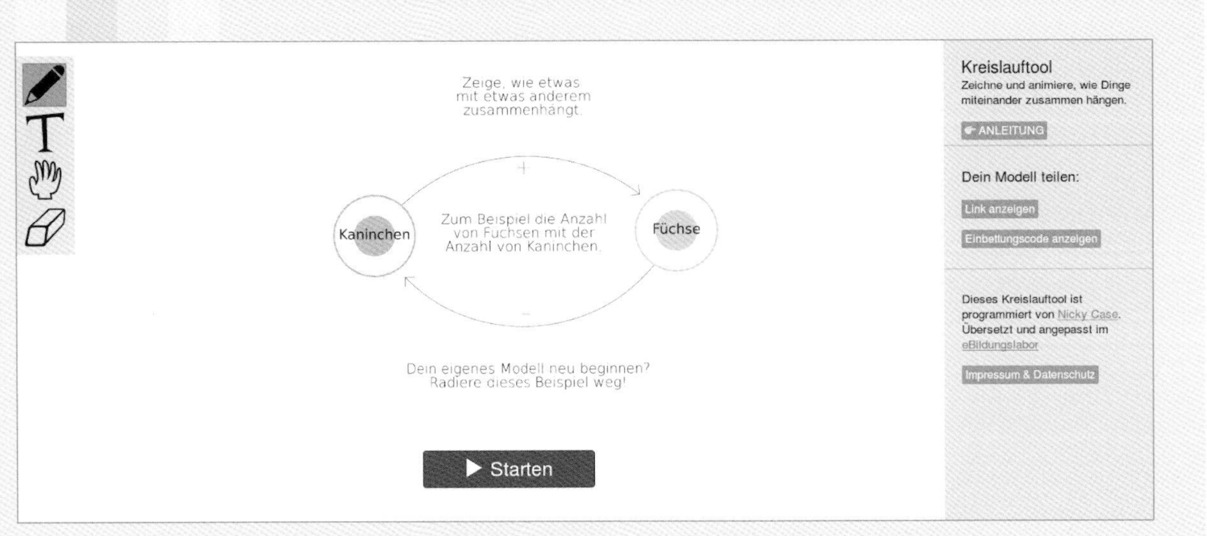

Prozesse visualisieren und real vorführen *(Screenshot von Kreislauftool.de © Nele Hirsch)*

Wenn Sie auf den Button „Starten" klicken und dann auswählen, welcher Prozess beginnen soll (z. B.: es gibt mehr Kaninchen), wird der Kreislauf animiert dargestellt. Sie sehen: Da im ersten Schritt die Zahl der Kaninchen steigt, steigt auch die Zahl der Füchse. Denn sie finden mehr zu fressen. Wenn es aber mehr Füchse gibt, dann sinkt wiederum die Anzahl von Kaninchen. Denn es werden mehr von ihnen gefressen. Es stellt sich ein Kreislauf ein.

Im Unterricht können Sie das Kreislauftool verwenden, um Prozesse zu visualisieren. Oder Ihre Schülerinnen und Schüler können ihre eigenen Kreisläufe visualisieren und darstellen. Insbesondere das eigene Gestalten ist erfahrungsgemäß eine gute Möglichkeit zur vertieften Auseinandersetzung mit Inhalten. Oft wird es nicht gelingen, einen Kreislauf zu generieren. Das ist aber auch nicht bei jedem Thema erforderlich. Ohne Kreislauf wird einer der Kreise nach einiger Zeit an seine Grenze stoßen, d. h. ganz gefüllt oder ganz leer sein.

Um ein eigenes Modell zu gestalten, gehen Sie folgendermaßen vor:

- Mithilfe des Menüs auf der linken Seite „radieren" Sie zunächst alle Inhalte (das Fuchs-Kaninchen-Modell) weg. Sie haben nun eine leere Fläche.
- Für jeden Begriff bzw. jedes Element des Modells müssen Sie einen Kreis zeichnen. Dazu nutzen Sie das Stiftsymbol. Der Kreis muss nicht perfekt gemalt werden. Das Tool erkennt auch eine rudimentäre Kreisform. In der rechten Spalte haben Sie die Möglichkeit, den Kreis zu beschriften.
- Anschließend geht es darum, Verbindungen zwischen den unterschiedlichen Begriffen herzustellen. Dazu nutzen Sie wiederum das Stift-Symbol und zeichnen eine Verbindung zwischen zwei Kreisen. In der rechten Seite können Sie dann auswählen, ob es sich um eine positive Beziehung handelt

(wenn das eine mehr wird, wird auch das andere mehr) oder um eine negative Beziehung (wenn das eine mehr wird, wird das andere weniger).

- Zusätzlich lässt sich Text mit dem T-Symbol zur Beschriftung einfügen. Mit dem Hand-Symbol lassen sich die einzelnen Elemente verschieben.
- Sobald Sie mit dem Modell zufrieden sind, probieren Sie die Animation aus.

Hinweis:
Je länger der Weg zwischen zwei Kreisen, desto länger wird die Verbindung und desto mehr Zeit wird bei der Animation für die Strecke benötigt.

Modelle mit dem Kreislauftool werden zunächst nur lokal im Browser erstellt. Sie haben aber die Möglichkeit, eine integrierte Option zum Online-Teilen über einen Link zu nutzen. Dazu klicken Sie im rechten Menü auf „Link anzeigen" und erhalten dann eine Art Speicherlink, in dem alle von Ihnen erstellten Inhalte vorhanden sind. Je nach Umfang Ihres Modells kann dieser Link sehr lang sein. Es empfiehlt sich also, einen Kurzlink zu generieren. Zusätzlich zum Teilen über einen Link kann auch ein Code zum Einbetten als iframe generiert werden.

Während Sie mit jüngeren Schülerinnen und Schülern eher einfache Kreisläufe gestalten, kann das Tool auch komplexere Verknüpfungen darstellen und vor diesem Hintergrund auch mit älteren Schülerinnen und Schülern zum Einsatz kommen. Als Inspiration für ein komplexeres Modell finden Sie über kurzelinks.de/macbeth eine Visualisierung mit Animationsmöglichkeit zur Tragödie von Shakespeare.

Textanalyse durch Visualisierung

Digital-unterstützte Bildung bietet neue Möglichkeiten, Texte zu visualisieren. Ein bekanntes Beispiel hierfür ist eine sogenannte „Wortwolke": Je häufiger ein bestimmter Begriff in einem Text verwendet wird, desto größer wird er angezeigt. Auf diese Weise lässt sich auf einen Blick erkennen, was das zentrale Thema bzw. die wichtigsten Inhalte in einem bestimmten Text sind. Um diese Art von Textvisualisierungen im Unterricht zu nutzen, sind mehrere Online-Tools empfehlenswert.

Eine einfache Variante zum Einstieg ist die Wortwanderung. Rufen Sie dazu die Website wordwanderer.org auf. Hier haben Sie die Möglichkeit, einen eigenen Text einzugeben oder mit einem zur Verfügung gestellten Text zu experimentieren. Wenn Sie das Tool starten, sieht das Ergebnis zunächst aus wie eine Wortwolke. Anders als viele andere Wortwolken-Angebote ist dieses Tool aber interaktiv.

- Sie können einen bestimmten Begriff auswählen und anklicken. Daraufhin sehen Sie, mit welchen anderen Worten dieser Begriff im Zusammenhang steht.
- Sie können zwei Begriffe miteinander verbinden. Dann erhalten Sie eine Übersicht, welcher Kontext für diese beiden Begriffe relevant ist.

Das Tool Wortwanderung kann von Schülerinnen und Schülern zur eigenständigen Text-Exploration verwendet werden. Seine Einfachheit und Übersichtlichkeit ermöglicht es auch jüngeren Schülerinnen und Schülern, damit zu experimentieren.

Komplexere Möglichkeiten bieten die Voyant-Tools. Sie können über die Website voyant-tools.org verwendet werden. Wie bei der Wortwanderung lässt sich auch hier im ersten Schritt ein eigener Text oder alternativ eine URL eingeben. Mit dem Start des Tools öffnet sich dann eine Seite, auf der mehrere und vielfältige Visualisierungsformen des Textes dargestellt sind. Unter anderem findet sich eine klassische Wortwolke, die Darstellung der Verwendung eines Wortes im zeitlichen Verlauf, eine Darstellung von Wortverbindungen u. v. m. Die englischsprachige Benutzeroberfläche und die komplexe Darstellung machen das Tool erst für ältere Schülerinnen und Schülern im Rahmen von Projekten eigenständig nutzbar. Auch sie werden für den Einstieg einige Zeit benötigen, um das Tool kennenzulernen und gewinnbringend nutzen zu können. Dann lässt es sich aber sehr vielfältig zur Textanalyse einsetzen.

Jetzt sind Sie dran:

- Gestalten Sie ein Meme – mit einem selbst gewählten Tool oder auf meinmeme.de. Frei nutzbare Bilder können Sie z. B. auf unsplash.com oder pixabay.com recherchieren.
- Entwickeln Sie ein Kreislaufmodell zu einem beliebigen Thema.
- Analysieren Sie einen Text mit den Voyant-Tools oder der Wortwanderung: Schauen Sie z. B. nach Worthäufigkeiten oder welcher Begriff mit welchem anderen Begriff oft genannt wird. Ein abschließendes Ergebnis für solch eine Analyse gibt es nicht. Es liegt an Ihnen (bzw. später dann an Ihren Schülerinnen und Schülern), was im Text entdeckt wird.

Entwickeln und programmieren

In diesem Abschnitt lernen wir die englischsprachige Plattform Glitch und ihr Potenzial für den Bildungskontext kennen. Glitch bezeichnet sich selbst als „the friendly community where everyone can discover & create the best stuff on the web!" Das trifft es sehr gut. Denn Sie finden auf Glitch sehr viele und oft auch spaßige Anwendungen – mit vielfältigen Nutzungsmöglichkeiten zum Lernen. Zweitens können Sie Anwendungen selbst gestalten. Deshalb behandeln wir die Plattform unter der Überschrift „Entwickeln und programmieren". Sie werden sehen: Das klappt auch ohne klassische Programmierkenntnisse!

Hinweis:
In den Nutzungsbedingungen von Glitch wird darauf hingewiesen, dass Glitch zur Erstellung von Anwendungen erst ab einem Alter von 13 Jahren allein genutzt werden sollte.

Technisch betrachtet, handelt es sich bei Glitch um einen Online-Editor, mit dem man einen Code für eine Anwendung schreibt und das Ergebnis direkt veröffentlichen kann. Die einfache Verwendung von Glitch ist aber erst einmal, nach hilfreichen Anwendungen zu recherchieren, die Sie in Ihrem Unterricht einsetzen möchten. In diesem Fall müssen Sie oder Ihre Schülerinnen und Schüler nichts selbst programmieren bzw. werden nicht einmal mit einem Code konfrontiert. Bei den meisten Anwendungen werden Sie nur an der URL erkennen, dass es sich um Glitch handelt. Erstellt wurden diese Anwendungen von Einzelpersonen, die Spaß am Programmieren haben, oder von Organisationen. Die folgenden Beispiele habe ich lediglich ins Deutsche übersetzt und dann neu veröffentlicht.

- Mithilfe von wermachtwas.glitch.me können Sie Namen und Rollen eingeben und zufällig zuteilen.
- Die Anwendung versteckteverse.glitch.me ermöglicht das Laden eines beliebigen Textes und das „Übermalen" von einzelnen Wörtern. So können „Texte in Texten" sichtbar gemacht werden. Auf Englisch bezeichnet man diese Technik als „Blackoutpoetry".

Wenn Sie die Glitch-Plattform durchsuchen, finden Sie sicherlich viele weitere Anwendungen und Tools, die Sie im Unterricht einsetzen können.

Die zweite Nutzungsmöglichkeit von Glitch ist – wie oben erwähnt – die eigene Gestaltung von Anwendungen durch Sie oder durch Ihre Schülerinnen und Schüler. Dazu lohnt ein genauerer Blick auf die unterschiedlichen Darstellungen einer Glitch-Anwendung.

Nehmen wir als Erstes und sehr einfaches Beispiel an, dass Ihnen die Anwendung zur Zufalls-Einteilung (wermachtwas.glitch.me) gut gefällt, aber Sie möchten die Anwendung gern mit der Überschrift „Aufgabenverteilung in der Klasse 5b" nutzen. Um das zu erreichen, sehen Sie unten rechts in der Ecke die beiden „Glitch-Fische". Wenn Sie diese anklicken, können Sie die Anwendung remixen, d. h. umgestalten und neu veröffentlichen. Beim Remix wird der gesamte Code der Anwendung in ein neues Projekt kopiert. Zugleich wird eine zufällige URL generiert, unter der das Projekt zukünftig zu finden sein wird – und Ihnen wird nicht mehr die fertige Anwendung, sondern der Editor angezeigt.

Der folgende Screenshot zeigt Ihnen, was Sie nach einem Remix erwartet:

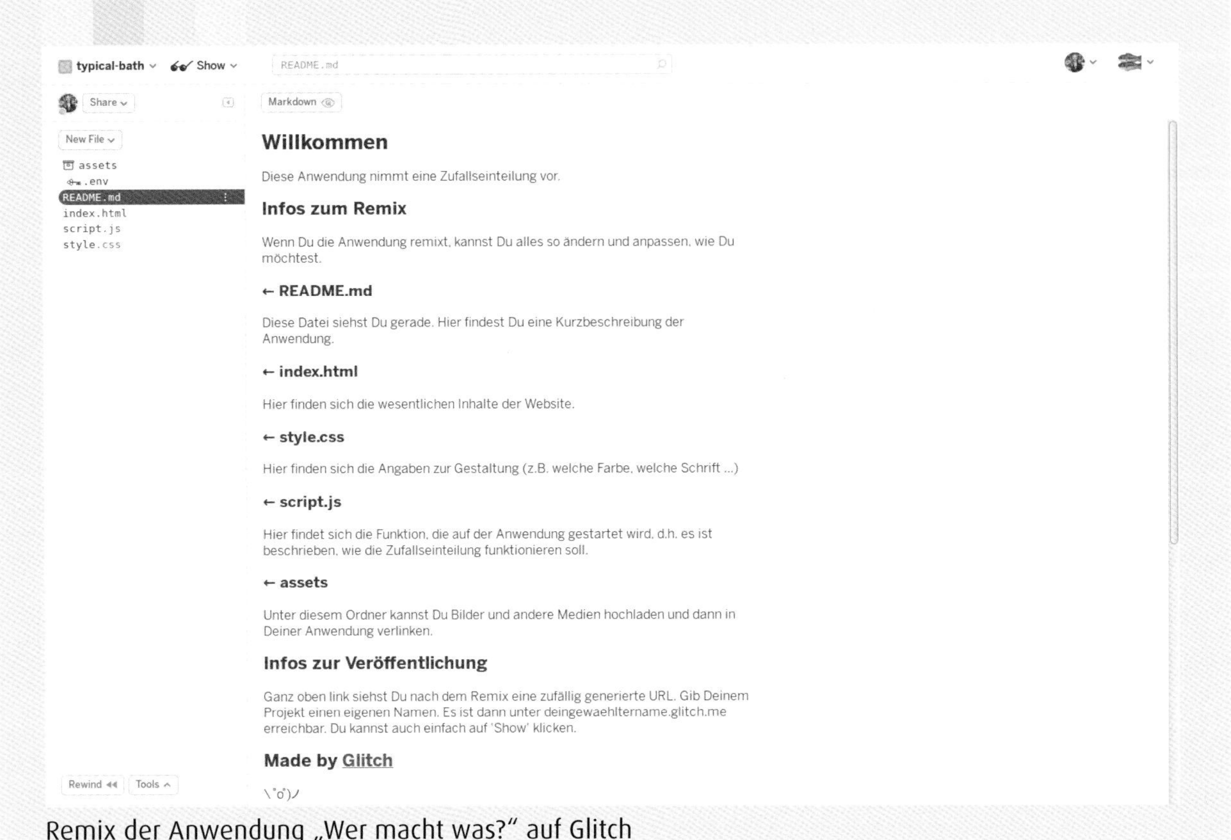

Remix der Anwendung „Wer macht was?" auf Glitch
(Screenshot der Anwendung auf glitch.com © Glitch; Anwendung „Wer macht was?" wurde erstellt von Nele Hirsch)

Nun können Sie Änderungen am Inhalt in der dafür beschriebenen Datei vornehmen, um die Überschrift in „Aufgabenverteilung in der 5b" zu ändern, öffnen Sie die Datei index.html. Klicken Sie dazu die Datei in der linken Spalte an.

Wenn Sie bisher noch nicht mit HTML gearbeitet haben, dann ist die sich dann öffnende Ansicht für Sie wahrscheinlich zunächst ungewohnt. Lassen Sie sich bitte dennoch nicht verunsichern. Sie müssen diese Datei nicht neu oder grundlegend anders schreiben, sondern nur einen Text austauschen. Sie müssen also nur den Text „Wer macht was" suchen. Diesen ersetzen Sie dann durch das von Ihnen gewünschte „Aufgabenverteilung in der Klasse 5b". Wichtig dabei ist:
Die Inhalte der Website befinden sich im „Body-Teil" des HTML-Dokuments.
Im „Head-Teil" sind übergreifende Angaben festgehalten.

Im folgenden Screenshot ist der Beginn des „Body-Teils“ und der dann zu ändernde Text markiert.

index.html-Datei auf Glitch zum Remix
(Screenshot der Anwendung auf glitch.com © Glitch; Anwendung „Wer macht was?“ wurde erstellt von Nele Hirsch)

Die zufällig generierte URL der remixten Anwendung lautet „typical-bath“. Sie können einen anderen Namen (z. B. klasse5b-einteilung) eingeben. Wenn Sie dann auf „Show“ klicken, sehen Sie die geänderte Anwendung mit der von Ihnen eingegebenen Überschrift. Herzlichen Glückwünsch zu Ihrer ersten eigenen Anwendung!

Wir können festhalten:

- Glitch-Anwendungen lassen sich remixen. Remixen bedeutet, dass die gesamte Anwendung kopiert und dann beliebig geändert und neu veröffentlicht werden kann.
- Eine Bearbeitung von Anwendungen funktioniert, indem man sich den Code der Anwendung anzeigen lässt und diesen ändert.
- Eine remixte Anwendung hat zunächst eine Zufalls-URL. Wir können diese URL oben links in der Ecke ändern und auf diese Weise die Anwendung unter einer Wunsch-URL veröffentlichen. Die remixte und umgestaltete Anwendung ist dann unter meine-wunsch-url.glitch.me zu finden.

Viele Anwendungen auf Glitch sind explizit zum Remix durch Lernende gedacht. Schülerinnen und Schüler können auf diese Weise ein kreatives Webprojekt gestalten und direkt veröffentlichen.

Optimal geeignet, um Glitch mit Schülerinnen und Schülern kennenzulernen, ist die Anwendung meintwine.glitch.me. Sie schließt an den Abschnitt zum Verknüpfen und Kontextualisieren an. Wir haben in diesem Abschnitt das Tool Twine kennengelernt und erfahren, wie sich Twines (= interaktive Texte) im Browser gestalten und als .html-Datei herunterladen lassen. Nehmen wir nun an, Ihre Schülerinnen und Schüler haben in Gruppenarbeiten unterschiedliche Twines erstellt und möchten diese gern online veröffentlichen, um von den jeweils anderen Gruppen Feedback dazu zu bekommen. Dazu würden sie einfach die Anwendung meintwine.glitch.me remixen.

Mit meintwine.glitch.me wird eine ausführliche Anleitung zur Verfügung gestellt, die Sie oder Ihre Schülerinnen und Schüler dabei Schritt für Schritt durch den Prozess führt. Am Ende haben Sie ein veröffentlichtes Twine unter einer von Ihnen selbst gewählten URL. Sie haben dabei zudem die Grundlagen von Glitch kennengelernt.

Zusätzlich oder alternativ eignen sich auch die folgenden drei Anwendungen besonders gut für den Einstieg auf Glitch:

- Durch den Remix von comicseite.glitch.me können Schülerinnen und Schüler einen Comic zu einem beliebigen Thema erstellen.
- Auf textchat.glitch.me können Schülerinnen und Schüler einen einfachen Textchat erstellen und veröffentlichen.

Um Glitch zu nutzen, muss man nicht angemeldet sein. Remixte und geänderte Anwendungen bleiben ohne Anmeldung für eine Woche online und werden dann gelöscht. Sie können das Löschen verhindern, indem Sie sich z. B. als Lehrer bzw. Lehrerin einen Account anlegen – und die erstellten Anwendungen Ihrer Schülerinnen und Schüler jeweils mit Ihrem Account remixen und damit sichern. In vielen Fällen wird das aber auch gar nicht erforderlich sein, denn oft geht es im Unterricht nur um eine einmalige Präsentation.

Jetzt sind Sie dran:

- Öffnen Sie glitch.com und nehmen Sie sich etwas Zeit, um nach für Sie möglicherweise spannenden Anwendungen zu recherchieren.
- Remixen Sie eine der oben vorgestellten oder eine andere Anwendung.

UNTERRICHTS-IDEEN

KAPITEL 4

Im vorherigen Kapitel haben Sie Tools und Methoden kennengelernt. Auf den folgenden Seiten erhalten Sie, darauf aufbauend, Anregungen in Form von praktisch umsetzbaren Einheiten für Ihren Unterricht. Mein Ziel beim Schreiben war es, möglichst vielfältig einsetzbare Anregungen zu liefern, die aber zugleich möglichst konkret verwendbar sind. Vor diesem Hintergrund sind die Anregungen nicht einem festen Unterrichtsthema oder einer Klassenstufe zugeordnet. Sie beschreiben vielmehr eine grundlegende Herangehensweise, die inhaltlich und von ihrer Schwierigkeit her leicht variiert werden kann. Für einen schnellen Überblick ist jede Idee mit einer Kurzbeschreibung und Schlagworten zur Einordnung versehen. Zusätzlich ist die erforderliche Vorbereitung angegeben. An technischer Ausstattung benötigen Schülerinnen und Schüler – wie im einführenden Kapitel (ab S. 19) beschrieben – ein digitales Gerät mit einem Zugang zum Internet. Außerdem wird in den meisten Unterrichtsideen ein Gerät zum Präsentieren der Ergebnisse (Beamer oder Whiteboard) benötigt.

1. Fakt oder Fake? – Schülerinnen und Schüler als Faktenchecker

Die Schülerinnen und Schüler recherchieren nach Informationen im Internet. Sie reflektieren darüber, woran verlässliche Informationen zu erkennen sind und wie man sie findet.

Schlagworte: Informationskompetenz, inhaltliche Reflexion/Wiederholung, Einstieg in ein Thema

Zeitbedarf: mindestens eine Unterrichtsstunde

Einsatzmöglichkeiten

Die Unterrichtseinheit „Fakt oder Fake" lässt sich allgemein im Kontext des Erlernens von Informationskompetenz durchführen, gekoppelt mit einem bestimmten Thema, das gerade behandelt wird. In letzterem Fall ist es für den Einstieg in ein Thema geeignet sowie zur abschließenden Reflexion.

Vorbereitung und was Sie benötigen

Sie bereiten rund fünf Aussagen vor: entweder allgemeiner Natur oder zu Ihrem jeweiligen Unterrichtsthema. Die Aussagen sollen dabei dem Alter der Schülerinnen und Schüler gemäß sein.

- Im Rahmen einer Unterrichtseinheit zum Thema „Vögel“ in der Grundschule könnten Aussagen lauten: „Störche überwintern in Afrika.“ oder „Vögel sollten besser nicht gefüttert werden. Sie verlernen sonst, selbst Futter zu suchen.“
- An weiterführenden Schulen ist es spannend, Aussagen zu formulieren, zu denen im Internet widersprüchliche Meinungen bis hin zu Verschwörungstheorien kursieren, z. B. „Impfen ist schädlich für das Immunsystem“. Mögliche Aussagen finden Sie unter dem Link: https://txt.fyi/+/bc52f632

Sie sollten darauf achten, dass sowohl Aussagen angeboten werden, bei denen ein einfacher Faktencheck möglich ist (richtig oder falsch), als auch, dass es Aussagen gibt, die differenziert betrachtet werden können.

Die Aussagen veröffentlichen Sie in einem Etherpad. Den Link des Pads teilen Sie im Rahmen der Einheit mit den Schülerinnen und Schülern. Zusätzlich können Sie als Arbeitsmaterial eine Übersicht zum Recherchieren vorbereiten.

Durchführung

Beginnen Sie die Stunde mit einem Unterrichtsgespräch zur Frage: Wie sucht ihr im Internet nach Informationen? Im Rahmen des Gesprächs können Sie vorstellen, wie recherchiert werden kann, was „das Internet“ zu einem bestimmten Thema sagt. Der beste Einstieg hierzu ist der sogenannte „Wikipedia-Trick“, den ich unter „Informationen kuratieren“ (S. 44) vorgestellt habe. Außerdem können Sie Suchoperatoren vorstellen und alternative Suchmaschinen zu Google.

Teilen Sie dann den Link zum vorbereiteten Etherpad mit den Schülerinnen und Schülern. Formulieren Sie dazu die Aufgabe, dass der Wahrheitsgehalt der Aussagen überprüft werden soll. Die Schülerinnen und Schüler ergänzen, wo sie Informationen gefunden haben und warum sie diese Informationen für verlässlich halten. In größeren Klassen kann es sich anbieten, mehrere Etherpads (mit gleichlautenden oder auch mit unterschiedlichen Aussagen) vorzubereiten, die die Schülerinnen und Schüler dann in Kleingruppen bearbeiten.

Nach der Recherche und Bewertung werden die Bewertungen gemeinsam reflektiert.

Pro-Tipps:
Eine Übersicht über Suchoperatoren als Arbeitsmaterial können Sie auch als Online-Spickzettel an die Schülerinnen und Schüler verteilen (Beispiel hier: https://telegra.ph/Tipps--Tricks-f%C3%BCr-Suchmaschinen-12-10). Um Alternativen zu Google kennenzulernen, bietet sich die Website stattgoogeln.de an. Schülerinnen und Schüler mit gefestigten Englischkenntnissen können zur Vorbereitung den Online-Kurs „Check, Please“ (kurzelinks.de/checkplease) nutzen.

2. Peer-to-Peer Klassenarbeit

Die Schülerinnen und Schüler entwerfen eine „Klassenarbeit". Die Fragen werden anschließend in Stillarbeit, aber kollaborativ bearbeitet.

Schlagworte: inhaltliche Reflexion/Wiederholung
Zeitbedarf: möglichst eine Doppelstunde oder zwei Einzelstunden

Einsatzmöglichkeiten

Die Unterrichtsidee „Klassenarbeit als Gruppenpuzzle" eignet sich besonders zum Abschluss einer Unterrichtseinheit (und damit zur Vorbereitung einer sich anschließenden „echten" Klassenarbeit). Die Idee ist in allen Fächern und Klassenstufen anwendbar. Das kollaborative Schreiben während der Einzelarbeit hilft Schülerinnen und Schülern, die das Thema noch nicht gut verstanden haben. Sie können ihren Fokus auf das Mitlesen anstatt auf das Selberschreiben legen.

Vorbereitung und was Sie benötigen

Der organisatorische Aufwand in der Klasse wird geringer, wenn Sie vorab die benötigten Etherpads einrichten und die Zuteilung der Schülerinnen und Schüler vornehmen. Sie benötigen pro Gruppe mit vier bis fünf Schülerinnen und Schülern ein Etherpad. Jeder Person der Gruppe soll danach ein Link zu einem Etherpad einer anderen Gruppe zugeteilt werden.

Durchführung

Teilen Sie die Klasse in Kleingruppen auf und geben Sie jeder Gruppe den Link zu einem Etherpad. Die Aufgabe lautet: „Formuliert eine mögliche Klassenarbeit zum Thema ‚...'". Die Klassenarbeit sollte in 30 Minuten lösbar sein.
Anschließend erhält jede Schülerin und jeder Schüler den Link zu einem Etherpad mit eingetragener „Klassenarbeit", an deren „Formulierung er oder sie nicht beteiligt war. Jede Klassenarbeit wird dann von vier bis fünf Schüler*innen in Stillarbeit, aber kollaborativ bearbeitet. Die Schülerinnen und Schüler wissen dabei zu Beginn nicht, wer mit ihnen an der Klassenarbeit schreibt. Die Unterrichtseinheit ist damit zugleich eine Übung im kollaborativen Schreiben (Schülerinnen und Schüler können sich z. B. über den Chat des Etherpads vorstellen oder Aufgabenzuteilungen organisieren).

Die bearbeiteten Aufgaben werden anschließend von der Gruppe, die sie erstellt hat, korrigiert und Feedback dazu formuliert.

In einem finalen Unterrichtsgespräch können folgende Fragen thematisiert werden:

- Was war euch bei der Erstellung der Klassenarbeit wichtig? Welche Fragen habt ihr gewählt und warum?
- Wie zufrieden wart ihr mit der Beantwortung der Fragen? Was lief gut? Was lief weniger gut?
- Wie habt ihr die Antworten der Mitschülerinnen und Mitschüler bewertet und warum?

Extra-Tipp:
Um ein Wettbewerbselement einzuführen, können Sie zusätzlich zu Beginn ankündigen, dass sie Prämierungen vornehmen werden für:
- die beste Klassenarbeit,
- die beste Beantwortung,
- das beste Feedback.

Ihre Prämierungen sollten Sie dann während des Unterrichtsgesprächs mitteilen und dabei Ihre Kriterien transparent machen.

3. Netzgedichte

Auf Basis der automatischen Vervollständigung eingegebener Suchbegriffe bei Suchmaschinen, schreiben die Schülerinnen und Schüler Netzgedichte und präsentieren diese in der Klasse.

Schlagworte: Informationskompetenz, kreatives Schreiben
Zeitbedarf: mindestens eine Unterrichtsstunde

Einsatzmöglichkeiten
Im Rahmen der Unterrichtseinheit „Netzgedichte“ lernen die Schülerinnen und Schüler eine Form des kreativen Schreibens im Internet kennen. Spannend an Netzgedichten ist der kollaborative Ansatz. Denn wer Netzgedichte schreibt, schreibt nicht allein, sondern zusammen mit Millionen anderer Menschen, die diese Texte (wenn auch unbewusst) durch Suchanfragen generiert haben. Mit Einschränkungen ist die Methode auch im Fremdsprachenunterricht anwendbar.

Vorbereitung und was Sie benötigen
Zur Vorbereitung der Unterrichtseinheit sollten Sie sich selbst mit der automatischen Suchvervollständigung vertraut machen. Sie können dazu eine beliebige Suchmaschine oder auch die Website fragenial.de nutzen.

Zur Präsentation der Ergebnisse der Schülerinnen und Schüler kann bereits vorab ein Etherpad eingerichtet werden. Außerdem sollten Sie sich für den Einstieg eine mögliche „Regel" zur Formulierung der Netzgedichte überlegen. Anregungen dazu finden Sie unter „Durchführung".

Durchführung

Zu Beginn wird mit der Klasse besprochen, was automatische Suchvervollständigungen sind und welche Erfahrungen die Schülerinnen und Schüler damit gemacht haben. Anschließend wird die Möglichkeit vorgestellt, auf Basis von Suchvervollständigungen Netzgedichte zu schreiben. Das geht so:

- Es wird eine „Regel" festgelegt bzw. sich überlegt, z. B.: nacheinander die Anfangsbuchstaben des eigenen Vornamens, ein bestimmtes Ereignis, ein Satzanfang.
- Je nach festgelegter Regel gibt man den Beginn in eine Suchmaschine ein – und erhält dann zahlreiche mögliche Auto-Vervollständigungen. Man kann dazu die Website fragenial.de nutzen oder eine beliebige Suchmaschine.
- Aus allen möglichen Suchvervollständigungen wird diejenige ausgewählt, die einem für das entstehende Netzgedicht am besten gefällt.
- Auf diese Weise wird das Netzgedicht immer weitergeschrieben und am Ende veröffentlicht.

Sobald das Verfahren klar ist, können die Schülerinnen und Schüler eigene „Regeln" erfinden und dazu Netzgedichte verfassen. Netzgedichte werden besonders vielfältig, wenn man nicht nur einen Suchbegriff, sondern in jeder Zeile noch ein weiteres Wort hinzufügt (z. B. „Sommer ist" statt nur „Sommer"). Alle Netzgedichte können in einem dazu angelegten Etherpad gesammelt werden.

Zum Abschluss werden einige Gedichte in der Klasse vorgestellt, um über den Entstehungsprozess und die Hintergründe von Netzgedichten zu reflektieren. Alternativ oder Zusätzlich können die Schülerinnen und Schüler aus den entstandenen Netzgedichten ihr „Lieblings-Gedicht" auswählen und ihre Auswahl begründen.

Extra-Tipp:
Ein weiterer Reflexionsanstoß kann es sein, die Schülerinnen und Schüler die verwendeten „Regeln" der entstandenen Gedichte selbstständig herausfinden zu lassen und dann auf Basis dieser Regeln weitere Netzgedichte (durch Wahl anderer Suchvervollständigungen) zu erstellen.

4. Rollenspiele im Etherpad

Die Schülerinnen und Schüler bearbeiten kollaborativ Aufgaben in einem Etherpad. Jede Person schreibt in einer zuvor zugeteilten Rolle.

Schlagworte: Kollaboration, inhaltliche Reflexion/Wiederholung
Zeitbedarf: mindestens eine Unterrichtsstunde

Einsatzmöglichkeiten

Die Unterrichtsidee „Rollenspiele im Etherpad" kann zunächst genutzt werden, um in das kollaborative Schreiben einzuführen. Wenn dazu Erfahrungen vorliegen, können unterschiedlichste Inhalte mit der Methode wiederholt und gefestigt werden. Zudem eignet sich die Methode zum kreativen Brainstorming.

Vorbereitung und was Sie benötigen

Je nach Einsatzzweck sollten in der Vorbereitung die gewünschten Rollen überlegt und dazu Rollenkarten für die Schülerinnen und Schüler vorbereitet werden. Auf jeder Rollenkarte sollte die Bezeichnung der Rolle und die Rollen-Farbe vermerkt werden. Zudem kann bereits vorab das Etherpad eingerichtet und der Link dazu mit verteilt werden.

Außerdem gilt es, eine Fragestellung festzulegen, die Schülerinnen und Schüler aus ihren jeweiligen Rollen gemeinsam im Etherpad bearbeiten sollen.

Durchführung

Die grundlegende Durchführung ist in allen Varianten dieser Methode identisch:

- Alle Schülerinnen und Schüler erhalten eine vorbereitete Rollenkarte.
- Zeigen Sie Schülerinnen und Schüler die Möglichkeit der Farbmarkierung der eigenen geschriebenen Texte im Etherpad. Anstelle des Namens und einer selbst gewählten Farbe soll nun die Rolle und die dafür festgelegte Farbe eingetragen werden. Je nach Anzahl der Rollen und der Größe der Klasse werden somit mehrere Schülerinnen und Schüler die gleiche Rolle haben und mit dem gleichen Farbton schreiben.
- Die Klasse erhält eine Aufgabe, die sie gemeinsam im Etherpad bearbeitet. Dabei soll jede Person aus der ihr zugeteilten Rolle (und mit der entsprechenden Farbmarkierung) schreiben.
- Zum Abschluss wird gemeinsam über das Ergebnis reflektiert. Leitfragen können sein: „Wie hast du deine eigene Rolle wahrgenommen? Wie gut konntest du sie ausfüllen? Wie hast du die Rollen der anderen wahrgenommen? War es eher hilfreich oder eher weniger hilfreich, zu sehen, wer aus welcher Perspektive schreibt?"

Zur Festlegung von Rollen und Aufgaben gibt es praktisch unbegrenzte Möglichkeiten. Die Methode ist somit sehr vielfältig und passend zum jeweiligen Unterrichtsthema und dem Alter der Schülerinnen und Schüler einsetzbar.

Ein Beispiel, das sich besonders gut zum Einstieg in das Arbeiten mit Etherpads eignet, wäre die gemeinsame Festlegung von Klassenregeln. Hierzu könnten Sie die Rollenkarten „Schreiberin/Schreiber", „Sortiererin/Sortierer" und „Fehlerfinderin/Fehlerfinder" verteilen. Die Aufgabe könnte lauten: Schreibt gemeinsam mögliche Klassenregeln für die Nutzung eines Etherpads bzw. auch Regeln für die Klassengemeinschaft allgemein.

Es folgen weitere Anregungen:

- Zum Einstieg ins kollaborative Schreiben können die Rollenkarten „Schreiberin/Schreiber", „Sortiererin/Sortierer" und „Fehlerfinderin/Fehlerfinder" verteilt werden. Zum kreativen Brainstorming kann bei der Rollenzuteilung auf die „sechs Kreativitätshüte" von Edward de Bono zurückgegriffen werden. In der analogen Form werden bei dieser Methode Hüte in sechs unterschiedlichen Farben an die Teilnehmenden verteilt, aus deren Perspektive sie dann agieren sollen. Diese Hüte werden nun zu Rollen und Farben im Etherpad:
  - **blau:** ordnendes und moderierendes Denken
  - **weiß:** analytisches und objektives Denken
  - **rot:** emotionales Denken, Konzentration auf Gefühle
  - **schwarz:** kritisches, eher pessimistisches Denken, Fokus auf Risiken
  - **gelb:** offenes, optimistisches Denken, Fokus auf Chancen
  - **grün:** kreatives und assoziatives Denken

  Die Aufgabe kann hier lauten, mögliche Lösungen für ein Dilemma, ein Problem, eine Herausforderung zu erarbeiten.

- Zur Reflexion über historische oder zeitgenössische Ereignisse lassen sich Rollen vergeben zu historischen oder zeitgenössischen Persönlichkeiten. Die Aufgabe könnte z. B. lauten, einen Aufruf zur Klimapolitik in der UN-Generalversammlung zu formulieren (mit verschiedenen Politikerinnen und Politikern/Ländern mit jeweils unterschiedlichen Farben als Rollen).
- Nach der Lektüre von Märchen, Theaterstücken oder Romanen können die handelnden Figuren aus den jeweiligen Stücken als Rollen verteilt werden. Die Aufgabe könnte dann sein, eine Fortsetzung zu schreiben oder einen alternativen Handlungsstrang.

Extra-Tipp:

Eine mögliche Variation der Unterrichtsidee ist, die Klasse in mehrere Gruppen (mindestens zwei) einzuteilen. Jede Gruppe bearbeitet die Aufgabe. Die Reflexion erfolgt danach in der Gruppe mit der Durchsicht der Antworten der jeweils anderen Gruppe. Hierzu kann auch die Möglichkeit genutzt werden, die farblichen Markierungen der Beiträge zunächst auszublenden und zu überlegen, von welcher Rolle wahrscheinlich welcher Beitrag kommt.

Wenn die Unterrichtsidee in der Grundschule eingesetzt werden soll, ist es von vornherein hilfreich, mehrere Etherpads einzurichten. Jede vergebene Rolle wäre dann in jedem Etherpad nur einmal vorhanden. Nachgespielt werden können dann z. B. Märchen.

5. Digitales Gruppenpuzzle

Die Idee eines Gruppenpuzzles ist es, dass Informationen von allen Beteiligten kooperativ zusammengetragen werden. Beim digitalen Gruppenpuzzle wird diese Idee auf das kollaborative Schreiben übertragen. Die Schülerinnen und Schüler erhalten hierzu unterschiedliche Informationen zu einem Thema, das im Unterricht behandelt wurde, und sollen danach gemeinsam Fragen zu diesem Thema in einem Etherpad beantworten.

Schlagworte: Kollaboration, inhaltliche Reflexion/Wiederholung
Zeitbedarf: mindestens eine Unterrichtsstunde

Einsatzmöglichkeiten

Die Idee „digitales Gruppenpuzzle" ermöglicht eine intensive Auseinandersetzung mit einem bestimmten Thema. Nebenbei lernen Schülerinnen und Schüler den Wert von Kollaboration kennen und dass es zielführend ist, ein Thema aus unterschiedlichen Perspektiven zu betrachten, um es zu erschließen.

Vorbereitung und was Sie benötigen

Die Vorbereitung dieser Unterrichtsidee ist etwas aufwändiger, denn es müssen sowohl die unterschiedlichen Informationen zum Verteilen zusammengestellt, als auch die Fragen überlegt werden, die, darauf aufbauend, dann im Etherpad kollaborativ beantwortet werden sollen.

Die unterschiedlichen Informationen lassen sich z. B. in Form von Arbeitsblättern gestalten. Hier kann dann auch der Link zum vorbereiteten Etherpad mit den Fragen eingetragen werden. Alternativ kann auf Online-Quellen verwiesen werden. In diesem Fall können die Links z. B. in Form von QR-Codes oder Kurzlinks an die Schülerinnen und Schüler verteilt werden.

Durchführung

Für die Durchführung eines digitalen Gruppenpuzzles ist es nicht erforderlich, dass jedes Kind unterschiedliche Informationen erhält. Je größer die Variation aber ist, desto spannender wird die anschließende Aufgabenbearbeitung. Das Vorgehen in der Klasse gestaltet sich wie folgt:

- Die Schülerinnen und Schüler erhalten die vorbereiteten, unterschiedlichen Informationen.
- Alle setzen sich individuell mit den erhaltenen Informationen auseinander.
- Zu einem bestimmten Zeitpunkt wird das Signal zum Start der Beantwortung der Fragen im Etherpad gegeben. Alle Schülerinnen und Schüler sehen somit die identischen Fragen. Je nachdem, welche Informationen sie aber im Vorfeld erhalten haben, werden sie manche Fragen beantworten können, andere nur zum Teil und andere auch gar nicht.
- Ziel der Klasse ist es, gemeinsam möglichst gute Antworten zu geben. Das gelingt, wenn jeder Schüler und jede Schülerin, die vorab bearbeiteten Informationen einbringt. Zur Beantwortung wird eine bestimmte Zeit festgelegt.
- Zum Abschluss wird über die Bearbeitung der Aufgaben reflektiert. Dabei können sowohl inhaltliche Aspekte eine Rolle spielen („Ist die Beantwortung der Fragen richtig und vollständig?") als auch methodische Aspekte („Wie gut hat das Zusammentragen der unterschiedlichen Informationen geklappt? Wie gut konnte ich meine eigenen, gelernten Informationen einbringen?").

Die Themen und die Gestaltung des Gruppenpuzzles kann dem Alter der Kinder angepasst werden. In der Grundschule bietet es sich an, unterschiedliche Informationsschnipsel zu verteilen, die sich jeweils auf andere Fragen beziehen. Die Herausforderung liegt dann überwiegend darin, herauszufinden, für welche Frage die von ihnen gelesenen Informationen passen.

Mit älteren Schülerinnen und Schülern kann die Methode auch in der Form genutzt werden, dass in den Informationen unterschiedliche Perspektiven aufgezeigt werden, die in den Antworten zusammengeführt werden sollen. Gut geeignet ist dazu z. B. das Aufgreifen eines politischen Themas, zu dem z. B. unterschiedliche Berichterstattungen aufgeführt werden.

Extra-Tipp:

Es ist auch möglich, zwei Etherpads mit jeweils identischen Fragen vorzubereiten und die Klasse in zwei Gruppen aufzuteilen. Anschließend können die gegebenen Antworten verglichen werden, um auf dieser Grundlage gemeinsam über den Bearbeitungsprozess zu reflektieren.

6. Webcam-Talk

Es gibt immer mehr Webcams – und das praktisch überall auf der Welt. Damit lassen sich z. B. Surferinnen und Surfer in Hawaii beobachten, der Times Square in New York oder Tiere im Zoo. Im Unterricht können Sie Webcams verwenden, um freies Sprechen oder spontanes Schreiben zu trainieren.

Schlagworte: Informationskompetenz, freies Sprechen
Zeitbedarf: eine Unterrichtsstunde

Einsatzmöglichkeiten

Die Unterrichtsidee „Webcam-Talk" eignet sich besonders für den Fremdsprachen-Unterricht. Aber auch im Deutschen kann es hilfreich sein, auf diese Weise freies Sprechen zu trainieren. Nebenbei lernen die Schülerinnen und Schüler genaues Beobachten und erhalten Einblicke in andere Kontinente und Erfahrungswelten.

Vorbereitung und was Sie benötigen

Auf der Website earthcam.com finden Sie eine große Übersicht an unterschiedlichen Webcams weltweit. Im Vorfeld der Unterrichtsstunde können Sie hier eine passende Webcam aussuchen, um sie in der Klasse dann direkt aufrufen zu können. Achten Sie dabei auf die Zeitverschiebung.

Durchführung

Erklären Sie den Schülerinnen und Schülern den Sinn der Übung: Es geht um das Training des spontanen Sprechens. Gerade im Fremdsprachen-Unterricht sollte die Angst vor Fehlern genommen werden. Wichtig ist es, möglichst gut zu beschreiben, was man sieht. Wenn man beim Sprechen Fehler macht, ist das nicht schlimm.

Geübt werden kann einzeln. In diesem Fall werden die Kinder nacheinander eingeladen, Beobachtungen zu schildern. Die Mitschülerinnen und Mitschüler können jeweils helfen oder Feedback geben. Alternativ können mehrere Gruppen gegeneinander antreten. Wenn es Ihnen und Ihrer Klasse zusagt, können Sie eine Jury bestimmen, die wie in einer Art Spielshow Punkte vergibt z. B. für gute Beobachtung oder für Sprechen, ohne zu stocken.

Anstatt zu sprechen, können Schülerinnen und Schüler ihre Beobachtungen auch spontan aufschreiben. Dies lässt sich auch paarweise in Etherpads realisieren, damit sich die Schülerinnen und Schüler gegenseitig helfen können. Am Ende werden die Beobachtungen miteinander verglichen.

Extra-Tipp:
Eine Alternative zu einer Webcam, um freies Sprechen zu trainieren, ist das Spiel Pechaflickr. Hier werden zu einem bestimmten Schlagwort eine bestimmte Anzahl von Zufallsbildern aus der Bildersammlung Flickr für einen bestimmten Zeitraum (in der Regel 20 Sekunden) präsentiert. Die Herausforderung besteht darin, zu diesen Zufallsbildern einen überzeugenden Vortrag zu halten. Das Spiel finden Sie online auf der Website pechaflickr.de.

Bitte beachten Sie dabei: Die Auswahl der Bilder erfolgt auf Basis des eingegebenen Schlagworts. Das bedeutet allerdings nicht, dass Sie die Bilder erhalten, die Sie erwarten. Zum Schlagwort „London“ kann z.B. auch eine Kaffeetasse eingeblendet werden, wenn eine Person dieses Bild mit London getaggt hat. Diese Unsicherheit und Offenheit des Spiels macht aber gerade den Reiz aus.

7. Die Welt ins Klassenzimmer holen

Über eine Videokonferenz ermöglichen Sie den Schülerinnen und Schülern, sich mit Menschen auf der ganzen Welt auszutauschen und Fragen zu stellen. Die Vor- und Nachbereitung der Konferenzen erfolgt gemeinsam.

Schlagworte: Informationskompetenz, inhaltliche Reflexion/Wiederholung
Zeitbedarf: je eine Unterrichtsstunde für Vorbereitung, Durchführung und Nachbereitung

Einsatzmöglichkeiten

Mit der Unterrichtsidee „Die Welt ins Klassenzimmer holen“ können Sie mit Ihrer Klasse Kontakt zu unterschiedlichen Persönlichkeiten aufnehmen und das Gespräch suchen. Mit wem und zu welchen Themen Sie sich austauschen wollen, kann individuell überlegt werden. Gut geeignet sind Videokonferenzen z.B. im Rahmen von Projektarbeiten, bei denen die Schülerinnen und Schüler zu einem bestimmten Thema auf der Suche nach Antworten sind.

Vorbereitung und was Sie benötigen

Zur Vorbereitung sollten Sie Kontakt mit der gewünschten Gesprächsperson aufnehmen, Ihr Anliegen erläutern und beschreiben, was Sie ungefähr erwartet. Wenn Sie z.B. mit Ihren Schülerinnen und Schülern über Kommunalpolitik sprechen wollen, wäre der Ortsbürgermeister/die Ortsbürgermeisterin oder jemand aus der Stadtverwaltung eine geeignete Ansprechperson. Gegebenenfalls können Sie schon vorab weitergeben, welche Fragen für Ihre Schülerinnen

und Schüler vermutlich besonders von Interesse sind. Außerdem sollte ein fester Termin vereinbart werden. Falls es möglich ist, kann ein kurzer Technik-Check vorab hilfreich sein. Ältere Schülerinnen und Schüler können die Kontaktaufnahme auch eigenständig durchführen. Sie ist dann Teil der Unterrichtseinheit.

Eine kostenfreie Videokonferenz können Sie ganz einfach und kostenlos via meet.jit.si starten. Mit Ihrer Gesprächsperson müssen Sie nur den Link teilen.

Durchführung

Im Vorfeld der Videokonferenz sollten Sie mit der Klasse mögliche Fragen und Themen sammeln. Im oben erwähnten Beispiel der Kommunalpolitik könnte die Schülerinnen und Schüler interessieren, wie sie ihre Anliegen einbringen können, was im Stadtrat besprochen wird, warum es nicht mehr Spielplätze gibt etc.

Zudem sollte geklärt werden, wer während des Gesprächs wofür verantwortlich ist. Hilfreich kann es sein, dass eine Schülerin oder ein Schüler als Sprachrohr der Klasse fungiert, die Fragen sammelt und stellt. Andere Schülerinnen und Schüler können die Aufgabe haben, relevante Informationen zu notieren.

Etwas komplexer wird es, wenn die Gesprächsperson aus einem anderen Land kommt. Oft haben aber gerade Deutschklassen aus anderen Ländern, Interesse, auf diesem Weg ihre erworbenen Sprachkenntnisse auszuprobieren. Oder alle Beteiligten wenden erste Englischkenntnisse an. In Grundschulklassen können Sie selbst als übersetzende Person fungieren.

Der Höhepunkt der Unterrichtseinheit wird die Videokonferenz selbst sein. Es ist gut, wenn hierfür eine ganze Unterrichtsstunde Zeit zur Verfügung steht. In einer weiteren Stunde wird das Gespräch dann gemeinsam nachbereitet: „Was haben wir gelernt und erfahren? Wie fanden wir die Art der Fragenbeantwortung? Was hätten wir ansonsten noch gern gewusst? Was fanden wir falsch?"

Im Folgenden finden Sie einige Ideen für Themen und mögliche Gesprächspartnerinnen und Gesprächspartner:

- Im Kontext von Berufsorientierung berichten ehemalige Schülerinnen und Schüler über ihren weiteren Weg in der Ausbildung, im Studium oder in einem sozialen oder ökologischen Jahr und/oder Mütter oder Väter stellen ihre beruflichen Tätigkeiten vor.
- Zu einem Unterrichtsthema, das im Unterricht behandelt wird, werden Expertinnen und Experten gesucht und befragt.
- Im Bereich der politischen Bildung werden Politikerinnen und Politiker unterschiedlicher Parteien befragt. Das kann auch unabhängig von einer Wahl spannend sein, z. B., um sich zu einem bestimmten Thema, das Kinder und Jugendliche betrifft, eine Meinung zu bilden.

- Es wird nach einer Partnerklasse in einer anderen Region oder einem anderen Land gesucht – und sich ausgetauscht.

Extra-Tipp:
Von Wikimedia Deutschland e. V. gibt es das Angebot „Ring a Scientist". Hierüber können Sie ganz einfach Kontakt zu Wissenschaftlerinnen und Wissenschaftlern aufnehmen, die Schülerinnen und Schülern von ihrer Forschung berichten.

8. Das habe ich gelernt! – Meine Zeitleiste

Zeitleisten sind nicht nur hilfreich für historische Ereignisse, sondern auch für Reflexionen zum eigenen Lernweg: Wie habe ich das gelernt, was ich heute kann?

Schlagworte: Portfolio, Lernreflexion
Zeitbedarf: mindestens eine Unterrichtsstunde

Einsatzmöglichkeiten
Mit der Unterrichtsidee „Das habe ich gelernt!" schaffen Sie einen Anlass, um z. B. zum Abschluss eines Schuljahres über den eigenen Lernweg zu reflektieren. Zugleich kann die Idee auch zum Einstieg in ein neues Schuljahr oder eine neue Lerneinheit verwendet werden, um Klarheit über Vorkenntnisse zu bekommen. Die Schülerinnen und Schüler werden darin bestärkt, Verantwortung für ihren Lernprozess zu übernehmen und diesen selbst und aktiv zu gestalten.

Vorbereitung und was Sie benötigen
Zur Gestaltung der Lern-Zeitleiste wird der H5P-Inhaltstyp „Timeline" verwendet. Es bietet sich an, diesen im Vorfeld der Unterrichtsstunde selbst auszuprobieren, um auf eventuelle Fragen eingehen zu können. Außerdem sollte die konkrete Aufgabe für die Schülerinnen und Schüler formuliert werden.

Durchführung
Im Rahmen der Unterrichtsidee bekommen Schülerinnen und Schüler die Aufgabe gestellt, mit dem H5P-Inhaltstyp „Timeline" eine Zeitleiste über ihren Lernweg zu gestalten. Zuvor sollte gemeinsam im Rahmen eines Unterrichtsgesprächs reflektiert werden, in welcher Form persönliche Daten online veröffentlicht werden. Insbesondere sollte auf die Nennung des vollständigen Namens verzichtet werden. Die konkrete Aufgabenstellung kann je nach Einsatz

der Unterrichtsidee variiert werden. Zum Abschluss eines Schuljahres könnte sie z. B. lauten: „Was hast du in diesem Schuljahr wann gelernt?" oder „Woran hast du es gemerkt?". Alternativ lässt sich die Zeitleiste auch nur auf ein bestimmtes Fachgebiet oder auch – z. B. zu Beginn eines Schuljahres zum gegenseitigen Kennenlernen – auf die gesamte bisherige Lernbiografie beziehen. In diesem Fall wird es den Schülerinnen und Schülern ermöglicht, auch außerunterrichtliche Aktivitäten als persönliche Kompetenzen einzubringen.

Die Gestaltung der Zeitleisten kann zum einen in Einzelarbeit erfolgen. Alternativ können Partner-Interviews durchgeführt und dann die Zeitleiste des jeweiligen Partners oder der jeweiligen Partnerin gestaltet werden. Zur Gestaltung kann die Website einstiegh5p.de verwendet werden.

Zum Abschluss werden die entstandenen Zeitleisten entweder in der gesamten Klasse oder in Kleingruppen vorgestellt.

Extra-Tipp:
Zeitleisten lassen sich auch als persönliche Vorstellung gestalten: Wie bin ich zu der Person geworden, die ich heute bin? In diesem Fall eignet sich die Idee insbesondere zum Schuljahresbeginn zum gegenseitigen Kennenlernen und/oder in Fächern wie Ethik, Religion oder Philosophie.

9. Wer bin ich?

Die Schülerinnen und Schüler erstellen einen Persönlichkeitstest mit fiktiven historischen oder zeitgenössischen Persönlichkeiten als Grundlage.

Schlagworte: Inhaltliche Reflexion/Wiederholung
Zeitbedarf: mindestens eine Unterrichtsstunde

Einsatzmöglichkeiten

Die Unterrichtsidee „Wer bin ich?" lässt sich sehr vielfältig in Fächern wie Deutsch, Geschichte oder Gemeinschaftskunde bzw. Politik einsetzen. Schülerinnen und Schüler setzen sich dabei mit historischen, zeitgenössischen oder fiktiven Persönlichkeiten auseinander. Vor diesem Hintergrund kann die Unterrichtsidee gut zur Wiederholung und Festigung eingesetzt werden.

Vorbereitung und was Sie benötigen

In der Vorbereitung muss die konkrete Aufgabenstellung überlegt und formuliert werden. Hilfreich kann es zudem sein, einen Beispiel-Inhalt zu erstellen, um den Schülerinnen und Schülern das Prinzip zu erläutern. Ein Beispiel zu Märchenfiguren finden Sie hier: https://einstiegh5p.de/inhalt/291.

Durchführung

Im ersten Schritt wird die Aufgabenstellung erläutert. Die Schülerinnen und Schüler sollen mehrere Persönlichkeiten betrachten und für diese Fragen und Antworten im Sinne eines Persönlichkeitstests gestalten, wie man ihn aus Illustrierten kennt. Es werden dabei jeweils Fragen formuliert – und die möglichen Antworten den jeweiligen Persönlichkeiten zugeteilt. Diese Aufgabe kann in Einzelarbeit oder auch in einer Kleingruppe erledigt werden. Für die Gestaltung des Tests gibt es dabei zwei Möglichkeiten:

- **Klassischer Persönlichkeitstests**, z. B. „Welche Märchenfigur bist du?"
- **Abgewandelter Persönlichkeitstest**, z. B. „Was trifft auf Rotkäppchen zu?"

Die Persönlichkeiten können von den Schülerinnen und Schülern entweder zu einem bestimmten Thema (z. B. deutsche Wiedervereinigung, Märchen, Französische Revolution etc.) selbst gewählt oder vorgegeben werden.

Anschließend erarbeiten die Schülerinnen und Schüler mögliche Fragen und Antworten und gestalten sie mithilfe des H5P-Inhaltstyps „Personality Quiz" als Online-Persönlichkeitstests.

Die erstellten Persönlichkeitstests werden anschließend in der Klasse vorgestellt und durchgespielt.

Hinweis:

Der Inhaltstyp „Personality Quiz" von H5P ist in dem Sinne begrenzt, dass er nicht gewichtet, sondern als „Ergebnis" die Rolle anzeigt, die am häufigsten ausgewählt wurde. Vor diesem Hintergrund kann das Ergebnis gerade bei wenigen Fragen zum Teil verzerrt sein.

Extra-Tipp:

Als Alternative zum Online-Persönlichkeitstest können die Schülerinnen und Schüler auch Memes mit treffenden (erfundenen oder realen) Zitaten der unterschiedlichen Persönlichkeiten erstellen. Anschließend muss in der Klasse erraten werden, welche Persönlichkeit jeweils dargestellt wird.

10. Mein selbst geschriebenes Tutorial

Die Schülerinnen und Schüler erstellen ein Tutorial zu einem selbst gewählten oder vorgegebenen Thema und teilen es mit der Klasse.

Schlagworte: inhaltliche Reflexion/Wiederholung
Zeitbedarf: mindestens eine Doppelstunde

Einsatzmöglichkeiten

Tutorials lassen sich für alle fachlichen Bereiche erstellen. Das Thema wird jeweils variieren und muss auch dem Alter der Schülerinnen und Schüler angepasst werden. Alternativ kann man die Schülerinnen und Schüler das Thema des Tutorials auch selbst wählen lassen. Am besten eignen sich Tutorials, um bestimmte Verfahren zu erklären: Wie schreibt man eine Erörterung? Wie löst man eine chemische Reaktion aus? Wie malt man einen Katzencomic?

Vorbereitung und was Sie benötigen

Im Vorfeld der Unterrichtsstunde sollten Sie sich mit dem Open-Source-Tool Twine vertraut machen, um bei Bedarf die Funktionsweise kurz erklären zu können. Am besten wird ein Muster-Tutorial als Anschauungsbeispiel erstellt. Als Vorlage (auch zur späteren Nutzung durch die Schülerinnen und Schüler) kann die Anwendung meintwine.glitch.me verwendet werden.

Durchführung

Der erste Schritt zum Schreiben eines Tutorials ist die Wahl des Themas. Sie können hier entweder Themen vorgeben. Alternativ können die Schülerinnen und Schüler ihre eigenen Themen wählen. Die Gestaltung des Tutorials kann in Einzel- oder Gruppenarbeit erfolgen.

Die Schülerinnen und Schüler erhalten als Arbeitsmaterial Ihr erstelltes Beispiel-Tutorial, das sie remixen und für ihr Thema umgestalten können. Das Ziel des Tutorials ist es, Schritt für Schritt in ein bestimmtes Thema oder ein bestimmtes Verfahren einzuführen. Die Online-Version ermöglicht es dabei, durch Verlinkungen beliebig viele Bezüge untereinander herzustellen.

Das fertige Tutorial kann von den Schülerinnen und Schülern online geteilt werden. Anschließend kann es in der Klasse ausprobiert werden.

Zum Abschluss steht eine gemeinsame Reflexion. Dabei kann es sowohl inhaltlich um einzelne Tutorials gehen als auch um grundlegende Erfahrungen bei der Erstellung von Online-Tutorials.

11. Zines erstellen

Bei Zines handelt es sich um Mini-Magazine, die selbst gestaltet, ausgedruckt, fotokopiert und verteilt werden. Zines waren und sind vor allem in aktivistischen Bewegungen lebendig. Es ist sowohl zur Medienreflexion als auch zur Unterstützung von selbstgesteuertem Lernen ein spannendes Unterrichtsprojekt, wenn Schülerinnen und Schüler ihr eigenes Zine gestalten.

Schlagworte: Informationskompetenz, Portfolio-Arbeit
Zeitbedarf: möglichst zwei Doppelstunden, bei umfassender Gestaltung auch mehr

Einsatzmöglichkeiten

Mit Zines können Schülerinnen und Schüler eigene Interessen aufgreifen und dazu ein Zine gestalten. Spannend ist die Herstellung von Zines auch vor einem medienpädagogischen Hintergrund, da sie sich als Hybridform zwischen digital und analog gestalten lassen. Bei der Darstellung des soziokulturellen Kontexts von Zines bietet sich die Unterrichtsidee erst ab der weiterführenden Schule an.

Vorbereitung

Die einfachste Form der Gestaltung eines Zines ist in Form eines Buddy-Books: Ein A4-Blatt wird dabei so gefaltet und einmalig eingeschnitten, dass man es als 8-seitiges Booklet lesen kann. Die Gestaltung kann dabei online erfolgen und das fertige Produkt zugleich online präsentiert werden. Für einen Ausdruck ist ein Drucker erforderlich, der randfrei drucken kann. Es ist hilfreich, sich die Technik im Vorfeld anzusehen und auszuprobieren. Gut nutzbar ist hierzu die Glitch-Anwendung zine-vorlage.glitch.me.

Zum Einstieg in die Unterrichtseinheit ist es schön, einige Beispiels-Zines aus dem Internet zu zeigen. Für den deutschsprachigen Raum ist das Archiv der Jugendkulturen in Berlin eine gute Anlaufstelle.

Durchführung

Zunächst wird gemeinsam erarbeitet, was Zine ist. Dazu erhalten die Schülerinnen und Schüler Beispiel-Zines oder recherchieren im Internet nach dem Begriff. Am Ende sollte eine mögliche Definition von Zines gefunden sein.

Anschließend können sich die Schülerinnen und Schüler selbst ein Thema für ihr Zine überlegen. Leitfragen zur Auswahl eines Themas können sein: „Worauf willst du andere aufmerksam machen?“, „Welche Erfahrungen von dir möchtest du teilen?“, „Was sind Interessen von dir, über die du berichten möchtest?“.

Nach der Themenwahl geht es an die Erstellung des Zines – am einfachsten mithilfe der oben erwähnten Vorlage auf Glitch (zine-vorlage.glitch.me).

Die URL der fertigen Zines werden in einem gemeinsamen Etherpad gesammelt. Zugleich sollten alle entstandenen Zines ausgedruckt werden. Die Schülerinnen und Schüler haben dann die Möglichkeit, alle Zines anzusehen. Dazu können diese im Klassenraum verteilt werden. Die Schülerinnen und Schüler laufen herum und wählen ihr Lieblings-Zine aus.

Die abschließende Reflexion kann inhaltlich zu den gewählten Themen erfolgen oder in Bezug auf das Medienformat eines Zines: „Warum gibt es heute noch Zines, wo doch alles ganz einfach online geteilt werden kann?", „Was sind die Vorteile einer analogen Veröffentlichung, was die Vorteile einer digitalen?".

Extra-Tipp:
In einer sehr einfachen Variante können Zines auch als „Spickzettel" zur Wiederholung bzw. Festigung eines Themas erstellt werden. In diesem Fall ist der Kontext von Zines nicht relevant. Der Fokus liegt dann darauf, ein bestimmtes Thema möglichst knapp zusammenzufassen und in sinnvolle Lernportionen zu teilen, sodass es auf die acht Seiten eines Zines passt. Die „Spickzettel"-Variante ist auch für Schülerinnen und Schüler in der Grundschule geeignet.

12. Genius Hour

„Genius Hour" ist die Bezeichnung für die Zeit, die für eigene Projekte zur Verfügung steht. In manchen Unternehmen erhalten Arbeitnehmerinnen und Arbeitnehmer dafür 20 Prozent ihrer Arbeitszeit. Auch an der Schule lässt sich eine Genius Hour etablieren, damit Schülerinnen und Schüler selbstgesteuert Projektideen realisieren können. Das Besondere ist, dass keine thematischen Vorgaben bestehen. Es kann selbst entschieden werden, was interessant ist. Häufig werden dann beispielsweise Themen aus außerunterrichtlichen Aktivitäten eingebracht. Für den Bereich „Unterricht digital" ist die Unterrichtsidee relevant, weil die Schülerinnen und Schüler lernen, die Möglichkeiten des virtuellen Raumes selbstverständlich in Lernprozesse einzubeziehen: Sie recherchieren nach Informationen, nutzen Tools zum Präsentieren oder veröffentlichen ihr Projektergebnis.

Schlagworte: Informationskompetenz, inhaltliche Reflexion/Wiederholung
Zeitbedarf: mind. eine Stunde pro Woche über einen längeren Zeitraum

Einsatzmöglichkeiten

Die Genius Hour ist ein sehr weitgehendes Projekt des selbstgesteuerten Lernens, das sich dennoch auch innerhalb von bestehenden Strukturen des Schulalltags realisieren lässt. Es kann durchgeführt werden, sobald etwas Zeit für selbstgesteuertes Lernen zur Verfügung steht. Alternativ lässt sich die Genius Hour auch als einmaliges Projektangebot und/oder zum Abschluss eines Schuljahres durchführen.

Vorbereitung und was Sie benötigen

Sie machen sich damit vertraut, was unter einer Genius Hour zu verstehen ist – und stellen sich auf ihre veränderte Rolle ein.

Durchführung

Mit der Genius Hour arbeiten die Schülerinnen und Schüler selbstgesteuert. Das bedeutet aber in keinem Fall, dass sie sich vollständig selbst überlassen bleiben. Ganz im Gegenteil: In allen Phasen des Projekts ist Unterstützung nötig. Diese bezieht sich allerdings weniger auf das Präsentieren und Erklären von Lerninhalten. Vielmehr geht es um Unterstützung bei der Auswahl eines Themas und der Formulierung einer geeigneten Fragestellung, bei der Gestaltung des Projekts und bei der abschließenden Präsentation. Auch eine abschließende Reflexion sollte gemeinsam durchgeführt werden.

Extra-Tipp:

Von der Genious Hour ist es nur noch ein kleiner Schritt zu einer authentischen Prüfung, bei der die Schülerinnen und Schüler eine personalisierte Aufgabenstellung bearbeiten und dazu alle Hilfsmittel nutzen dürfen, die ihnen das Internet bietet. Der Potsdamer Lehrer Björn Nölte hat in einem Blogbeitrag seine Erfahrungen damit beschrieben: kurzelinks.de/darfmandas.

Und: Um Schülerinnen und Schüler dabei zu unterstützen, für sie relevante Fragen zu formulieren, können Sie die sogenannte „Question Formulation Technique" nutzen. Dabei schreiben die Schülerinnen und Schüler zunächst so viele Fragen wie möglich zu einem Thema auf, sortieren sie in offene und geschlossene Fragen und wandeln dann je eine offene Frage in eine geschlossene um – und umgekehrt. Ausführlich ist die Methode in meinem Blog beschrieben: https://ebildungslabor.de/blog/qft.

WEITERLERNEN ODER: PLÄDOYER FÜR VERNETZUNG

KAPITEL 5

In den vorherigen Kapiteln haben Sie grundlegende Aspekte zum Unterricht mit digitaler Unterstützung erfahren, sind mit Online-Tools vertraut geworden und haben Unterrichtsideen zum praktischen Einsatz kennengelernt. Anstatt damit zu enden, soll es nun ums Weiterlernen gehen? Ja, unbedingt – und zwar aus drei Gründen:

1. Die Inhalte dieses Buches können nur ein allgemeiner Einblick in den Unterricht mit digitaler Unterstützung sein. Vieles werden Sie für sich anpassen, verändern und weiterentwickeln müssen.
2. Das Netz ist schneller als dieses Buch gedruckt und vertrieben ist. Vieles wird in den nächsten Monaten und erst recht in den nächsten Jahren neu entstehen und auch die vorgestellten Tools werden sich weiterentwickeln. Lernen zu „Unterricht digital" wird deshalb wohl nie abgeschlossen sein.
3. Das Buch ist nur ein erster Einblick. In der Online-Welt gibt es noch viel mehr an Methoden, Tools und Ideen mit Potenzial für zeitgemäße Bildung zu entdecken.

Das Ziel dieses abschließenden Kapitels ist es deshalb, Sie bei dem vor diesem Hintergrund entstehenden permanenten Weiterbildungsbedarf zu unterstützen – nicht aber, indem ich Sie auf weitere Bücher, Apps oder Online-Kurse hinweise, sondern indem ich Ihnen strukturelle Vorschläge unterbreite, wie Sie als lehrende Person selbst immer weiterlernen können. Sie erfahren, wie man Peer-to-Peer-Fortbildungen an der eigenen Schule etablieren kann, welche empfehlenswerten Möglichkeiten es für den Austausch und die Vernetzung gibt und wie Sie mit einem Twitter-Account damit beginnen können, Ihr persönliches Lern-Netzwerk aufzubauen.

Peer-to-Peer-Lernen an der eigenen Schule

Unter „Peer-to-Peer-Lernen" versteht man eine Methode, bei der Gleichgestellte voneinander und miteinander lernen. In einer Klasse würden somit Schülerinnen und Schüler von- und miteinander lernen. In ähnlicher Art und Weise können Sie Peer-to-Peer-Lernen auch im Lehrerzimmer verankern.

Der Gedanke an Peer-to-Peer-Lernen mit Ihren Kolleginnen und Kollegen kann auf den ersten Blick ungewohnt erscheinen. Denn noch immer sind Sie als Lehrer oder Lehrerin eher Einzelkämpfer denn Teamplayer: Der Unterricht wird individuell vorbereitet, durchgeführt und auch nachbereitet. Der Austausch mit Kolleginnen und Kollegen erschöpft sich oft im Plausch in der großen Pause. Demgegenüber machen sich immer mehr Schulen auf den Weg und etablieren kollaborative Formen des Lehrens. Bekannte Ansätze sind das Team-Teaching, bei dem gemeinsam in einer Klasse unterrichtet wird, die Team-Hospitation, bei der man sich gegenseitig im Unterricht besucht und Feedback gibt, oder auch die Peer-to-Peer-Fortbildung, bei der Erfahrungen untereinander geteilt werden.

Peer-to-Peer-Fortbildungen brechen mit dem üblichen Fortbildungskonzept: Weder kommen externe Referentinnen und Referenten, um einem etwas zu vermitteln. Noch sind die Fortbildungen vom üblichen Schul-Rhythmus losgelöst. Praktisch umgesetzt werden können Peer-to-Peer-Fortbildungen als „Mikrofortbildungen“:

- Alle Kolleginnen und Kollegen können Fortbildungen anbieten und auch an Fortbildungen teilnehmen.
- Die Fortbildungen werden als Mikrofortbildungen gestaltet und zu einem festen Zeitpunkt (z. B. in der Mittagspause, nach der letzten Stunde, in der großen Pause ...) durchgeführt. „Mikro“ bedeutet, dass sie sowohl kurz und prägnant sein sollen (maximal 15 Minuten) als auch praxis- und anwendungsorientiert – gern also mit praktischem Ausprobieren und Erkunden.
- Organisiert werden die Fortbildungen über einen einfachen Aushang: der „Kurskiosk“. Wer eine Fortbildung anbieten will, hängt sie aus. Wer an einer angebotenen Fortbildung teilnehmen will, trägt sich ein. Sobald eine festgelegte Mindestzahl an Interessierten (klein ist hier großartig, d. h. am besten weniger als fünf) zusammengekommen ist, findet die Fortbildung statt.

Für den Einstieg ist es erfahrungsgemäß hilfreich, wenn man selbst einige erste Mikrofortbildungen anbietet. Sie können hierzu z. B. auf die Inhalte dieses Buches zurückgreifen und vielleicht die Plattform Glitch und die Möglichkeiten zum Einsatz im Unterricht vorstellen oder das kollaborative Schreiben mit dem Etherpad.

Der große Vorteil von Peer-to-Peer-Fortbildungen ist, dass sie aus der Praxis und für die Praxis gestaltet werden. Durch die Ausgestaltung als nachfrageorientierte Mikrofortbildungen kann jede Person genau das lernen, was sie möchte. Und durch das praxisorientierte Kurzformat haben die anbietenden Personen kaum Vorbereitungsaufwand.

Möglichkeiten für Austausch und Vernetzung

Neben Peer-to-Peer-Fortbildungen, die im eigenen Kollegium organisiert und durchgeführt werden, ist auch der Austausch und die Vernetzung mit anderen Schulen empfehlenswert. Nutzen Sie deshalb Möglichkeiten, an anderen Schulen zu hospitieren, wie es z. B. im Rahmen von Schul-Netzwerken möglich ist. Häufig wird solch ein Austausch auch regional und informell von interessierten Lehrkräften organisiert. Z. B. in Form von Meet-Ups, bei denen man sich am Wochenende zum Brunchen oder abends auf ein Bier trifft.

Ein sehr empfehlenswertes Format des Austausches sind zudem Barcamps. Barcamps können treffend als „Unkonferenz" charakterisiert werden, da sie traditionelle Gestaltungsraster einer Konferenz umkehren:

- Anstelle von Teilnehmenden und Referentinnen und Referenten sind alle Beteiligten „Teilgebende".
- Anstelle eines vorgefertigten Programms wird dieses vor Ort gemeinsam gestaltet.
- Anstelle eines festen Programms für alle sucht sich jede Person aus den angebotenen sogenannten Sessions genau die aus, die sie interessiert.

Der Besuch eines Barcamps ermöglicht es Ihnen somit, sich intensiv mit Gleichgesinnten auszutauschen, neue Anregungen und Ideen zu erhalten und genau das zu lernen, was Sie möchten. Wenn Ihr Thema für keine Session vorgeschlagen wird, können Sie das selbst übernehmen und eine Session dazu anbieten. Sie benötigen dazu keine vorbereitete Präsentation oder Experten-Wissen. Ganz im Gegenteil: Die besten Sessions sind oft die, die einfach nur mit einer Frage starten.

Aus eigener Erfahrung kann ich im Bildungsbereich insbesondere die folgenden Barcamps empfehlen:

- das Educamp: jeweils im Herbst und im Frühjahr in einer anderen Stadt.
- die Edunautika: mit dem Fokus auf Reformpädagogik im und trotz digitalen Wandels; findet seit 2018 jährlich in Hamburg statt
- das OERcamp: ein Barcamp mit dem Fokus auf offenen Bildungsmaterialien und offener Bildungspraxis – jährlich bis mehrmals jährlich an unterschiedlichen Orten

Daneben gibt es zahlreiche regionale Barcamp-Angebote – etwa das Barcamp „Education Ost" in Sachsen-Anhalt, Sachsen und Thüringen oder das Barcamp „Wildcampen" in Baden-Württemberg.

Aufbau eines persönlichen Lern-Netzwerks

Barcamps zu besuchen, gerade wenn sie weiter weg sind, ist meist mit etwas mehr Aufwand verbunden. Der Aufbau eines persönlichen Lern-Netzwerks ist ebenfalls kein Selbstläufer, aber kann zumindest deutlich einfacher und flexibler vom eigenen Schreibtisch aus begonnen werden.

Bei einem persönlichen Lern-Netzwerk handelt es sich um ein informelles Netzwerk, das man kontinuierlich weiterentwickelt, um gewünschte Lernprozesse im Austausch und mit Unterstützung von anderen erfolgreich bewältigen zu können. Ein persönliches Lern-Netzwerk funktioniert durch Geben und Nehmen: Je mehr Sie dazu bereit sind, Ihre Erfahrungen und Ihr Wissen weiterzugeben, umso mehr werden auch Sie Hilfe erhalten. Das Ziel Ihres Online-Netzwerkes könnte es somit sein, sich Orientierung zu verschaffen im Bereich einer digital-unterstützten Bildung, weitere Unterrichtsideen zu erhalten sowie neue Tools und Methoden kennenzulernen.

Sie können solch ein persönliches Lern-Netzwerk über einen Face-to-Face-Austausch starten. Die Kolleginnen und Kollegen der oben dargestellten Mikrofortbildungen könnten z. B. als Mitglieder ihres Netzwerkes betrachtet werden: Sie haben in ihnen Ansprechpersonen für einen Austausch und gemeinsames Erkunden. Deutlich erweitert wird Ihr Netzwerk allerdings, wenn Sie auch über Online-Kanäle nach Austausch suchen.

Empfehlenswert ist dazu insbesondere das soziale Netzwerk Twitter. Twitter unterscheidet sich von anderen Netzwerken vor allem durch die grundlegende Offenheit der Beiträge, die Begrenzung der Zeichen pro Beitrag und die Organisation der Inhalte über sogenannte „Hashtags". Dazu kommt, dass sich die Online-Community zu Bildungsthemen größtenteils über dieses Netzwerk organisiert. Das bedeutet für Sie: Wenn Sie sich dort auf die Suche machen, werden Sie viele Inspirationen finden können.

Twitter können Sie auch passiv nutzen, d. h., ohne sich einen Account anzulegen. Ich empfehle Ihnen jedoch eine Registrierung. Das ist kostenfrei und in wenigen Minuten erledigt.

Bevor Sie auf Twitter aktiv werden und z. B. selbst einen Tweet schreiben oder damit beginnen, anderen Menschen zu folgen, sollten Sie sich kurz Zeit nehmen, um Ihren Account für andere aussagekräftig zu gestalten. Dazu gehört erstens ein Profilbild und zweitens eine kurze Beschreibung zu Ihrer Person. Wie anonym bzw. erkennbar Sie im Netz sein wollen, entscheiden Sie selbst. Am besten schauen Sie sich auf Twitter dazu vorab einige Beispiel-Profile an.

Viele Twitter-Nutzende nehmen bereits im Profil sogenannte „Hashtags" (Doppelkreuzmarkierungen) auf. Solche Hashtags sind der beste Ausgangspunkt für Erkundungen auf Twitter. Der wahrscheinlich meist genutzte Hashtag unter Lehrerinnen und Lehrern (oder von Menschen, die Lehrerinnen und Lehrer erreichen wollen) lautet #twitterlehrerzimmer (oder geschlechtsneutral auch #twlz). Wenn Sie diesen Hashtag in Ihre Twitter-Suche eingeben, werden Sie mit diesem einen Klick zahlreiche Ideen und Anregungen, Fragen und Bitten um Unterstützung und geteilte Erfahrungen erhalten. Am Anfang kann diese Vielfalt erschlagen. Bald aber werden Sie sich immer besser damit zurechtfinden, durch Twitter zu scrollen – und vor allem werden Sie auch Ihre eigene Timeline (d. h. die Tweets, die Ihnen angezeigt werden) gestalten können. Ihre Timeline wird nämlich von den Tweets der Menschen gestaltet, denen Sie bei Twitter folgen und mit denen interagieren. Wenn Sie also auf ein Profil stoßen, dass Ihnen hilfreich erscheint, dann klicken Sie auf „Folgen". Die andere Person muss Ihnen nicht zurückfolgen. Nach und nach bauen Sie auf diese Weise Ihr persönliches Online-Lern-Netzwerk auf. Wenn Sie jemanden direkt anschreiben wollen, dann können Sie entweder in einem Tweet seinen Benutzernamen voranstellen. Ich selbst bin auf Twitter mit dem Benutzernamen „ebildungslabor" aktiv. Ein Tweet an mich würde also mit @ebildungslabor eingeleitet. Alternativ könnten Sie eine Direktnachricht nutzen, die dann für andere nicht sichtbar ist.

Spannende Dinge, die Sie auch anderen weiterempfehlen wollen, können Sie retweeten (also weiterleiten) oder liken. Die Like-Funktion nutzen viele auch als persönliche Merkliste.

Ich selbst twittere regelmäßig über zeitgemäße Bildung. Und falls Sie einen praktischen Anlass suchen, um auf Twitter aktiv zu werden: Ich freue mich über Ihr Feedback zum Buch und Ihre Erfahrungen damit!